Argentinien

Robert Möginger (Text) · Miquel González (Fotos)

EINLEITUNG

Argentinien: die ewige Verheißung

Immer wieder ist Argentinien dank seiner natürlichen Reichtümer eine große Zukunft prophezeit worden. Doch bisher hat das Land den Durchbruch nicht geschafft. Für Touristen hat es mehr zu bieten als leere Versprechungen: eine grandiose Natur zwischen Tropenwald und Eismeer und eine hektisch-melancholische Metropole (Foto: Buenos Aires, Avenida 9 de Julio).

In nicht allzu langer Zeit wird Argentinien statt sechs sechzig Millionen Einwohner zählen und unfraglich das führende Land in Südamerika sein.« Derartig goldene Zeiten sah der deutsche General und Gelegenheitsschriftsteller Adolf Arent jenseits des Äquators heraufziehen, daß er die so unaufhaltsam aufstrebende Nation am fernen Río de la Plata Investoren und Auswanderungswilligen wärmstens ans Herz legte. »Argentinien, ein Land der Zukunft« lautet folgerichtig der Titel seiner im zackigen Offizierston formulierten Denkschrift aus dem Jahr 1912.

An solchen und ähnlich optimistischen Prognosen mangelte es den Argentiniern nie, stets glaubte man den großen Durchbruch zum Greifen nah. Aber bis heute scheint es, als habe diese wunderbare Zukunft noch immer nicht begonnen. Denn sobald die Rede auf dieses Land zwischen Tropenwald und Eismeer kommt, spricht man damals wie heute öfter von seinen Potentialen als von realen Errungenschaften.

Obelisk auf der Avenida 9 de Julio in Buenos Aires

Worin der enorme Reichtum seiner Heimat besteht? Jeder Argentinier weiß es und hält damit auch nicht hinter dem Berg: »Hay de todo y de sobra« – einfach alles gebe es, und davon mehr als genug. Auf schier endlosen 2 780 092 Quadratkilometern Fläche besitzt das achtgrößte Land der Erde fette Weiden bis zum Horizont, ein geradezu paradiesisches Klima für Viehzucht, Acker- und Weinbau, doppelt so viele Rinder wie Menschen, noch mehr Schafe, Erdöl, Bodenschätze und Energiereserven in Hülle und Fülle, traumhafte Landschaften für jede Art von Tourismus – viele Argentinier sprudeln förmlich über vor Stolz und Begeisterung angesichts so zahlreicher Segnungen. »Aber leider«, so hört man immer wieder, »haben wir nie wirklich etwas daraus gemacht.« Argentinien, die ewige Verheißung?

Tatsächlich klingt allein der Name des Landes wie eine trügerische Prophezeiung: »Silberland« – lateinisch argentum, Silber – tauften die Spanier 1516 ihre neueste Entdeckung. Capitán Juan Díaz de Solís drang als erster Europäer mit seinen Karavellen in das Delta des Paraná ein, auf der Suche nach der Westpassage zum Pazifik und den fernöstlichen Gewürzinseln. Statt dessen fand er den Tod unter den Äxten der Querandí-Indianer. Die überlebenden Seeleute fabulierten zu Hause von »Silberbergen«, vielleicht, um vom Mißlingen ihrer Mission abzulenken.

Angelockt von der falschen Kunde – Argentinien verfügt über keine nennenswerten Silbervorkommen – kamen bald scharenweise Glücksritter aus Peru und Bolivien über die Anden nach Süden. Ihr Traum vom schnellen Geld verlor sich in den Weiten der Pampa. Aber immerhin erkannten sie bald den wahren Reichtum der Ebene, denn ihre Rinder und Pferde vermehrten sich hier rascher als irgendwo sonst auf der Welt. Sie ließen sich nieder, und aus Abenteurern und Desperados wurden Bauern und Viehzüchter. Der Mythos der Pampa, Argentinien als Land der Gauchos und der Rindfleischbarone, war geboren.

Argentiniens Ursprung liegt in der Pampa

»Die Pampa verspricht, verspricht, verspricht… Alles lebt hier von der Ferne – und aus der Ferne«, so beschreibt der große spanische Philosoph und Argentinien-Reisende José Ortega y Gasset den einzigartigen Charakter dieses argentinischen Kernlandes. »Vielleicht liegt darin das eigentliche Wesen des argentinischen Lebens – Verheißung zu sein.«

Wie soll man sich als Besucher dieser fremdartigen Befindlichkeit nähern? Die einfachste Methode: immer unterwegs bleiben. Und selbst erfahren, wie lange man im Geländewagen sitzt, nur um eine einzige patagonische 150 000-Hektar-Estancia komplett zu durchqueren. Oder nach einem Regentag auf dem flachen Land in Corrientes oder bei San Antonio de Areco in Gummistiefeln durch den Morast stapfen und die Wolken beobachten, wie sie an einem unglaublich blauen Himmel über schier grenzenlose Weiten ziehen.

Das Herz der Hauptstadt ist die Plaza de Mayo

Buenos Aires: pittoreske Wellblechfassaden im Einwandererviertel La Boca

Ikonen: Evita Perón und Carlos Gardel

Jedes Heimspiel ein Fußballfest: »Boca Juniors«

»Mi Buenos Aires Querido«, »mein geliebtes Buenos Aires«, sang einst Tango-König Carlos Gardel. Auch heute dreht sich einfach alles in Argentinien um die 14-Millionen-Metropole. Man nennt sie »Königin des Río Plata«, »Capital Federal«, »La Capi« oder schlicht »B. A.«. Buenos Aires ist das Gravitationszentrum des Pampa-Staates. Auch wer im Ausland an Argentinien denkt, spricht zuerst nur von Buenos Aires. Tango, Evita oder Diego Maradona – die gängigen Klischees beziehen sich fast automatisch auf die Hauptstadt. Alle Versuche, das Übergewicht der Kapitale zu korrigieren, verliefen bisher im Sande. Selbst Präsident Alfonsíns Initiative von 1987, die Regierung ins patagonische Viedma zu verlegen, blieb eine politische Eintagsfliege.

Letzte Ehre für »El Libertador«: Gruft des Freiheitshelden General San Martín in der Kathedrale von 1862 in Buenos Aires

Freiheit auf argentinisch: Gauchos beim Ausritt in der Nähe von Corrientes

Typisch für die Landschaft der Puna sind die bis zu vier Meter hohen Kandelaberkakteen

Die Kathedrale in Salta entstand erst Ende des 19. Jahrhunderts, aber noch ganz im kolonialen Stil

3700 Kilometer Luftlinie von Norden nach Süden, 1500 von Osten nach Westen – kaum ein Reiseziel der Welt kann mit einer ähnlichen Bandbreite an Klimazonen und Landschaftstypen aufwarten. Ein beachtliches Kontrastprogramm bietet allein Argentiniens Nordhälfte: Fast 7000 Meter hohe Gipfel, das glasklare Licht der wüstenhaften Puna-Hochebene, daneben gewaltige Flüsse mit fruchtbaren Ufern und die üppige Lebensfülle tropischer Wälder – ein Land, so vielgesichtig wie seine Bewohner.

Indígena-Frau in San Salvador de Jujuy

Gaucho-Junge in Cerro Colorado

Iguazú, die »großen Wasser« im Nordosten

Möglicherweise begreift man dann, was in einem Estanciero vorgeht, wenn er sagt: »Dieses Land ist mein Land«. Sein Gefühl von Freiheit und Überlegenheit wird in diesem Moment höchstens übertroffen von der Ahnung, daß alles Streben inmitten einer solchen Landschaft letztlich doch nichts verändern wird. Anderswo in Südamerika wird dem Argentinier oft Arroganz unterstellt – vielleicht ist er einfach nur gewohnt, in anderen Maßstäben zu denken.

Natürlich: Argentinien ist nicht nur die Pampa. 90 Prozent seiner Menschen wohnen in Städten, fast die Hälfte davon in Buenos Aires. Aber selbst dort kann sich jenes »Pampa-Feeling« noch einstellen, etwa auf der fußballfeldbreiten Avenida 9 de Julio oder während der nicht enden wollenden Busfahrt vom Flughafen Ezeiza ins Herz der 14-Millionen-Metropole. Wo hört diese Stadt auf, wo beginnt sie, hat sie überhaupt ein Zentrum? Ähnliche Empfindungen beschleichen den Besucher im einsamen Hochland des andinen Nordwestens, wo Sonne und Wind außerirdisch-bizarre Landschaften entstehen ließen. Oder in den Regenwäldern und Sümpfen im tropischen Nordosten, der patagonischen Halbwüste, an den Gletscherseen von Bariloche, am »Ende der Welt« auf Feuerland – Beispiele gibt es genug im »Land der sechs Kontinente«, wie das nationale Fremdenverkehrsamt unermüdlich und völlig zu Recht betont.

Grandioses Land der sechs Kontinente

Irritiert und zugleich angezogen von dieser grandiosen Maßlosigkeit, sucht der Europäer am Horizont vergeblich nach irgendeinem Halt für Auge und Geist. Eilige Touristen, die sich ein Urlaubsziel für den unkomplizierten Konsum im Last-Minute-Stil erträumen, kommen unweigerlich ins Schwimmen. Zwei Wochen Ferien sind nichts, vier Wochen auf Reisen eigentlich auch noch zu wenig. Der Argentinier blüht dagegen auf angesichts solch gestaltloser Weite, die alle Möglichkeiten offenläßt. Unbehagen bereitet ihm schon eher das Konkrete und Faßbare, wie Ortega y Gasset feststellte: »Der Argentinier gerät in ernste Schwierigkeiten, sobald er sich mit realen Dingen befaßt; er widmet sich ihnen nicht mit ganzer Kraft, bleibt reserviert, identifiziert sich nicht mit ihnen.«

Vielleicht liegt es gerade an diesem fatalen Hang zum Weltfremden, daß große Argentinier stets schillernde Figuren gewesen sind, gebrochen ihr Charakter, umstritten ihr Wirken. Niederlagen können ihrer Popularität bezeichnenderweise auch postum nichts anhaben, eher im Gegenteil. Die früh verstorbenen argentinischen Ikonen Carlos Gardel, Evita Perón und Ché Guevara sind die bekanntesten Beispiele. Fußballgott Diego Maradona paßt schon zu Lebzeiten in diese Reihe, seit der Ballkünstler den sportlichen »Tod« durch Drogensucht und Doping starb. Und in welchem Land der Welt hätte sonst schon der Tango entstehen können, ein Tanz, der die Tristesse zur Kunstform erhebt?

Eine Nation mit Hang zum Ungewissen und Weltfremden

Von »erfolgreichen Verlierern« wimmelt es auch im politischen Pantheon des Pampastaates: Juan Manuel de Rosas etwa, der 1835 als Sieger aus dem Krieg zwischen Föderalisten, den Handwerkern und Viehzüchtern des Binnenlandes, und Unitariern, den Kaufleuten aus Buenos Aires, um die künftige Staatsform der jungen Nation hervorging, war so eine widersprüchliche Figur: Als Sohn eines Estancieros aus der Pampa entsprach er ganz dem Urbild des bodenständigen, in der Neuen Welt geborenen »Kreolen«. Rhetorisch gab sich der Caudillo aus der Provinz als Verfechter des Föderalismus. Faktisch war er jedoch ein Diktator, der alle Macht auf sich vereinte und jede Opposition blutig unterdrückte.

Der Konflikt zwischen Stadt und Land, zwischen Staat und Anarchie schwelte weiter. Die Präsidenten Domingo Faustino Sarmiento und Julio Argentino Roca setzten im 19. Jahrhundert ganz auf Slogans wie »Zivilisation gegen Barbarei« oder »Regieren heißt Kolonisieren«. Sie förderten die Einwanderung aus Europa im großen Stil, propagierten die sittlichen Werte der Alten Welt. Im selben Atemzug erklärte Roca jedoch mit seiner »Campaña del Desierto« die planmäßige Ausrottung der patagonischen Urbevölkerung zur Chefsache.

Oder Juan Domingo Perón, der Argentinien im 20. Jahrhundert prägte wie kein zweiter: Noch immer streiten Historiker darüber, ob sein »Justicialismo« eher ein linker Nationalismus oder ein rechter

Sozialismus gewesen sei. Jedenfalls verquirlte der Populist autoritäre Parolen, eine arbeiterfreundliche Sozialreform, Planwirtschaft und antikommunistisches Gehabe so geschickt, daß viele Argentinier ihn noch immer wie einen Ersatzvater anhimmeln.

Das wirtschaftliche und politische Chaos, das Perón nach seinem Sturz 1955 jedoch hinterließ, stellt bis in die Gegenwart eine gewichtige historische Hypothek dar. Nach Perón bliesen die Generäle zum »Proceso de la Reorganización Nacional«, zum »Umbau der Nation«. Darunter verstanden sie Krieg und Folter gegen das eigene Volk; mindestens 9000 Menschen ließen ihre Schergen zwischen 1976 und 1982 »verschwinden«. Um das Nationalgefühl der Menschen zu mobilisieren, zettelten die Versager in Uniform zuletzt den Krieg um die Malvinen (Falklandinseln) an. Er endete mit der Kapitulation der Argentinier und dem Zusammenbruch der Diktatur.

Mit Präsident Menem kam das Wirtschaftswunder

Ganz in der Tradition seiner vielschichtigen Vorgänger steht auch Präsident Carlos Saúl Menem, der das Land ins 21. Jahrhundert führt. Einerseits sind seine Erfolge meßbar und unbestritten: Die Demokratie ist trotz gelegentlichem Störfeuer durch einige Unbelehrbare gefestigt, das Militär hält Menem geschickt in Schach. Die Löhne sind am Monatsletzten das gleiche wert wie am Ersten, die Telefone funktionieren, und wer Arbeit hat, kann sich vielleicht sogar Ferien am Meer leisten – noch vor wenigen Jahren waren das keine Selbstverständlichkeiten. Andererseits sonnt sich der extravagante Emporkömmling nach Estanciero-Art allzu selbstgewiß im Ruhm. Slumbewohnern und Arbeitslosen empfahl Golfer Menem allen Ernstes sein Hobby. Für Spritztouren im roten Ferrari sperrt er schon mal ganze Landstraßen, er diniert gern mit Mick Jagger und Illustrierten-Prominenz. Intellektuelle verhöhnen den Mann aus La Rioja als neureichen Provinzler ohne Stil und Geschmack.

Auch Vetternwirtschaft und Korruption wurden dem Menem-Clan mehr als einmal vorgeworfen. Freilich: Als »País de la Coima«, das »Land des Schmiergeldes«, apostrophieren manche Geschäftsleute Argentinien wohl nicht ganz zu Unrecht. Solange aber die Begeisterung über den

40 Zentimeter pro Tag schiebt sich der Perito-Moreno-Gletscher in der Lago Argentino vor

Im Herzen des Nationalparks Nahuel Huapi liegt San Carlos de Bariloche

Noch vor 120 Jahren war der riesenhafte Südkegel des Kontinents staatenloses Indianerland. Eine stetig wachsende Zahl von Touristen staunt heute über die Maßlosigkeit der Natur im dünnbesiedelten äußersten Süden: vor den Eisbergen von El Calafate, am sturmumtosten Beagle-Kanal und an der Seenplatte bei Bariloche.

Fischkutter an der patagonischen Küste bei Comodoro Rivadavia

Wirtschaftsboom der frühen neunziger Jahre überwog, verziehen die Argentinier ihrem Vorreiter sämtliche Eskapaden – manche schwelgten gar schon wieder in alten Träumen von Macht und Größe. Aber Menems neoliberale Roßkur offenbart zunehmend auch ihre Schattenseiten, und der Unmut darüber wächst: Nach der Privatisierung von Staatsbetrieben und der Aufhebung von Zollschran-

Ushuaia, die Stadt am »Ende der Welt«

Feuerland: Der stete Sturm prägt die Natur

ken sollen jetzt etwa die Gewerkschaften alte Privilegien aus Peróns Zeiten aufgeben – ausgerechnet unter Menem, der selbst der peronistischen Partei angehört. Die Reformen kosten einen hohen sozialen Preis, einen Preis, den vor allem die Schwächsten bezahlen: Ein Viertel der Argentinier lebt unterhalb der Armutsgrenze, immer mehr Kinder leiden unter den Folgen mangelhafter Ernährung.
Vielleicht kann Mercosur, der neue gemeinsame südamerikanische Markt nach EU-Vorbild, helfen, den lange ersehnten Anschluß an die »Erste Welt« zu finden. Von heute auf morgen wird dies jedoch nicht funktionieren, so daß Argentinien vorerst bleibt, was es immer war: eine riesige Herausforderung für jeden Besucher und ein Land der Zukunft – wann immer diese auch beginnen mag …

Fast eine Million Magellanpinguine kommen zwischen Oktober und März zur Punta Tombo

BUENOS AIRES

Metropole zwischen Nostalgie und Moderne

Die Porteños, die Einwohner von Buenos Aires, haben den Tango wiederentdeckt (Foto: Tango-Show in der »Bar Sur«). Dabei hat die 14-Millionen-Metropole, das unumstrittene Gravitationszentrum des Landes, eigentlich Wichtigeres zu tun: Die Stadt befindet sich auf dem Weg der radikalen Modernisierung. Doch verschwunden ist das »gute alte Buenos Aires«, das »Paris Südamerikas«, dabei noch nicht.

Es war ein langer Flug quer über den Atlantik, mit Umsteigen und Zwischenlandung fast ein kompletter Tag in der Luft. Nun endlich ziehen die Kulissen der Millionen-Metropole Buenos Aires vorüber: Himmel, Häuser und Asphalt bis zum Horizont, Ton in Ton, grau in grau, mehr als 100 000 Straßenblocks, die über 4000 Quadratkilometer bedecken.

Ein trüber und windiger Oktobermorgen ist es; der Frühling des Südens sieht nicht viel anders aus als der Herbst des Nordens. An einer Plaza mit kahlen Jacaranda-Bäumen spuckt der Airportbus die Reisenden aus der Alten Welt schließlich aus, zusammen mit einem Häuflein weiterer Schlafloser. Dann lassen sie sich

Auf der Avenida de Mayo

durch jene Straßen treiben, deren Namen zu Hause so vielversprechend klangen, die traurig-schöne Bilder heraufbeschworen – von urbaner Eleganz, angenehm gestrig und voller altmodischem Flair: Avenida Corrientes, Calle Lavalle, Florida, Suipacha.

Doch nun gibt es überall nur dieselben gestreßten Gesichter zu sehen, Busineß-Anzüge und Handys in denselben Fußgängerzonen mit denselben Boutiquen und Kaufhäusern wie in Madrid, Mailand oder München. In einer neonhellen Schaufensterpassage, neben der flimmernden Videowand eines CD-Ladens, spielen peruanische Straßenmusikanten in bunten Folklore-Ponchos »El cóndor pasa« – willkommen in Lateinamerika?

Dann aber, als die Besucher aus Europa diese auf Hochglanz polierte Seite der Stadt schon fast als die einzige Wirklichkeit akzeptiert haben, ändert sich plötzlich das Bild. Hinter der gläsernen Schwingtür eines Cafés eröffnet sich eine Welt, die mit der da draußen nichts gemein zu haben scheint: Zwischen tabakgelben hohen Wänden prangen Säulen aus falschem Marmor, bröckelt der Stuck, finden sich kostbares Mahagoni und Chippendale-Möbel. Im Halbdunkel blättern ein paar Gäste in der Zeitung, zwei Rentner am Billardtisch spielen gemächlich Karambol. Aus der Küche dringt Gläserklirren, über dem Geruch von gewachstem Linoleum liegt der Duft von frischem Toast und Kaffee. Und schon schleicht ein ergrauter Kellner im fleckigen Frack heran: »Sírvase, caballero« – bitteschön, der Herr.

Buenos Aires, vier Millionen Einwohner, 14 Millionen im Großraum, nach Mexiko-Stadt die zweitgrößte Metropole der spanischsprachigen Welt, macht es keinem Besucher leicht. Während viele andere Großstädte ihren Charakter oft schon nach ein paar Stunden preisgeben und erste Eindrücke rasch auf die richtige Fährte führen, gibt sich die Diva am Río de la Plata kapriziös. Neben Kaffeehäusern im Wiener Stil stehen Shopping-Center aus Stahl und Glas, vor Fassaden in verspieltem französischen Jugendstil drohen bronzene Befreiungshelden martialisch mit gezogenem Degen.

»Großstadt brutal« oder »Paris Südamerikas«?

Noch immer spukt das Gründerzeit-Bonmot vom »Paris Südamerikas« in Reiseprospekten herum. Aber die Realität entzieht sich solchen Klischees. Was ist Buenos Aires heute? Großstadt brutal? Versuchslabor der von staatlichen Schranken befreiten Konzerne? Oder doch die Welthauptstadt der Melancholie, hängengeblieben irgendwo zwischen unverbesserlicher Nostalgie und Dekadenz?

So schwierig einzuordnen wie die Stadt selbst sind auch ihre Bewohner. »Hafenmenschen«, Porteños, nennen sie sich, in bewußtem Gegensatz zu den Landsleuten aus dem Hinterland. Wer en passant eine Einführung in das Stadtleben erleben möchte, braucht nur viel Taxi zu fahren. Schon die Namen der Chauffeure auf ihren Lizenzplaketten lesen sich wie Dokumente der Siedlungsgeschichte: Osvaldo Petricevic, Miguel Ikonikoff, Lino Spinetti, Jaime Borboroglu, Martín Rosefeldt – kaum eine Nationalität, die in der Branche nicht vertreten wäre. Im Fahrpreis inbegriffen sind auch jene lau-

Grenadier vor der Casa Rosada

Kritische Porteños: Massendemonstration gegen Sparkurs und Sozialabbau

Machtzentrum Plaza de Mayo: Rathaus . . . . . . Präsidentenpalast (unten)

Die Porteños zeichnen sich aus durch ihr besonders emotionales Verhältnis zur Politik. Enthusiasmus und purer Haß liegen stets nah beieinander, Diskussionen grundsätzlicher Art trägt man bevorzugt öffentlich aus. Nur die Idole und Feindbilder der Massen nutzen sich ab im Laufe der Zeit. Jubelten sie 1982 noch den Militärs zu, als diese das Land in den Krieg um die Falkland-Inseln stürzten, so feierte man nur ein Jahr später ebenso frenetisch den Sturz der Junta. Die Demokratie scheint nun endlich fest verankert, und die Versammlungen auf der Plaza de Mayo sind heute weitgehend friedliche, wenn auch noch immer ziemlich heißblütige Happenings.

Washington als Vorbild: der Kongreß

nigen Kurzreferate zu politischen, sozialen oder sportlichen Themen, mit denen jeder gestandene Taxista seine Passagiere bereitwillig erfreut.
Ein »Dauerbrenner« ist dabei die komplexe Frage nach der Identität des Hauptstädters. »Der Porteño ist ein Italiener, der spanisch spricht, sich wie ein Engländer benimmt und glaubt, Franzose zu sein«, zitiert einer ein böses Sprichwort. Ausgeprägte Individualisten und Einzelkämpfer mit viel Mutterwitz, oft aufbrausend und temperamentvoll, aber doch einig in ihrer Haßliebe zur Heimat, sollen sich da an der Mündung des Río de la Plata zusammengefunden haben.
Früher sei alles besser gewesen, hört man. Und daß diese Stadt zum Leben sich längst nicht mehr eigne. Ein übler Moloch sei aus ihr geworden, hektisch, dreckig, laut. Doch wohin sollte man sonst schon gehen? »In Córdoba stehen angeblich auch ein paar Häuser beisammen«, schmunzeln die Porteños. »Aber Argentinien – das ist und bleibt doch nur Buenos Aires!«

Buenos Aires ist das Gravitationszentrum Argentiniens

Zweifellos hat Buenos Aires das Land so fest im Griff wie kaum eine zweite Kapitale – sie ist der Nabel der argentinischen Welt. Parlament, Präsident, Bankiers und Bürokraten haben hier ihren Sitz, ein Drittel der argentinischen Gesamtbevölkerung drängt sich in Gran Buenos Aires. Sämtliche Inlandsflüge beginnen und enden im hiesigen »Aeroparque«. Presse, Theater, Kinos und Museen setzen die Maßstäbe, das Teatro Colón gilt als die »Scala Südamerikas«. Eine Unzahl von Superlativen beweist den Porteños ihre Weltgeltung, egal, ob es sich dabei um positive oder negative Bestmarken handelt.
Da muß niemand erst nachmessen, ob die Avenida Rivadavia mit fast 40 Kilometern wirklich die längste urbane Verkehrsader und die Avenida 9 de Julio mit 130 Metern der breiteste Boulevard auf Erden ist. Klar, daß in Buenos Aires die größten Steaks und die beste Pasta aufgetischt werden.
Man rühmt sich des aufregendsten Nachtlebens, der schönsten Frauen und schneidigsten Machos, der korruptesten Beamten, der schlimmsten Abgase und der meisten Unfalltoten im Stadtverkehr. Auf den Straßen gilt das Recht des Stärkeren, und Fußgänger sind für Autofahrer schlicht unsichtbar.
»Es heißt, Buenos Aires sei gegründet worden«, zweifelte der geborene Porteño und Dichter Jorge Luis Borges. »Mir will scheinen, daß diese schon immer existierte, so wie Wasser und Luft.« Obwohl die wie in Beton gegossene Metropole durchaus etwas Zeitloses an sich hat, ist eigentlich kein Backstein in der Stadt älter als 200 Jahre. Der Spanier Pedro de Mendoza war es, der 1536 am Río de la Plata das kleine Fort mit dem Namen Nuestra Señora Santa María del Buen Ayre errichten ließ. An diese erste Stadtgründung erinnert der 68 Meter hohe Obelisk auf der Avenida 9 de Julio, mit dem sich die Stadtverwaltung zum 400. Jubiläum selbst feierte.
Aber kriegerische Querandí-Indianer zerstörten die hölzerne Festung, und erst 1580 konnte Juan Garay eine dauerhafte Siedlung anlegen. In der Kolonialzeit stand das Hüttendorf lange im Schatten der Städte im Landesinneren, vor allem von Córdoba und Tucumán. Während diese von der Nähe zu den Silberminen im bolivianischen Potosí und zu Lima, der Hauptstadt des neuspanischen Imperiums profitierten, litt Buenos Aires unter den Handelsbeschränkungen des Mutterlandes, die erst 200 Jahre später beseitigt wurden. So war es den ersten Porteños verboten, Geschäfte direkt mit Europa zu tätigen; alle Waren mußten den Umweg über die Anden nehmen. Nur der Schwarzhandel mit den Portugiesen auf der anderen Seite des Río de la Plata hielt Buenos Aires über Wasser.

Stadtteil Florida: »gute Stube« im Asphaltdschungel

Wo schlägt das Herz der Metropole? Trotz des typisch kolonialen Gitternetz-Bauplans mit rechteckigen Cuadras à 100 Hausnummern ist es nicht leicht, durch den Asphaltdschungel zu finden. Kein Hügel, kein Flußbett gliedert das riesige Areal. Und statt einer einzigen Stadtmitte gibt es so viele Zentren wie Stadtteile – jeder mit seinem eigenen unverwechselbaren Charakter.
Die »gute Stube« von Buenos Aires ist der Banken- und Geschäftsbezirk um die Fußgängerzone Florida, »Microcentro« genannt. Tagsüber beherrschen die schicken Busineß-People die Szenerie, am Abend stehen jung und alt in Freizeitkluft Schlange vor den 20 Kinos der

Dabeisein ist alles: Stars und Sternchen im »Cielo«

Kontrastprogramm: Jazz und Rock bei »Oliverio«

Sonntäglicher Flohmarkt an der Plaza Dorrego

San Telmo: Tango-Show auf der Plaza Dorrego

Kaum etwas ist den Porteños heiliger als ihre Freizeit und die nächtliche Tour de Force durch die »Boliches«, wie sie die unzähligen Bars, Clubs und Kneipen der Stadt nennen. Entsprechend vielfältig präsentiert sich das Angebot für die Amüsierwütigen: nostalgische Tangosalons und Confiterías für die Traditionalisten, Kinopaläste und Theaterbühnen für Kulturbeflissene, Technodiskos und Rockkonzerte für alle Altersklassen und Einkommensstufen. Auch für den Morgen danach gibt es bewährte Riten: etwa den Besuch des Flohmarktes von San Telmo, ein Picknick mit der ganzen Familie im Parque Palermo oder ein Sonnenbad am Ufer des Río de la Plata – ausgestattet mit Mate, Thermoskanne und der dicken Sonntagszeitung . . .

La Costanera Norte: Sonntag am Río de la Plata

Bootstour im Parque Palermo

Calle Lavalle oder studieren die Speisekarten der populären Asado-Tempel. Zwischen alteingesessenen Geschäften und Restaurants mischen sich aber auch immer mehr Fast-food-Lokale, Video-Spielsalons und Ramschläden; der letzte Schrei ist ein Laserkanonen-Palast für pubertierende Science-fiction-Krieger.
Und das vielbeschworene Buenos Aires ayer, das »gute alte Buenos Aires«? Es beginnt nur ein paar Blocks weiter südlich: Die Avenida 25 de Mayo verströmt das Flair der großbürgerlichen Prachtboulevards, wie sie ab 1880 in Mode kamen und wie man sie aus Südeuropa kennt. Art-nouveau-Kuppeln, byzantinische Erker und Balkone, antikisierende Säulen, pseudomaurische Arabesken und blumige Ornamentik – die Architekten der Boom- und Gründerjahre bedienten sich ungeniert aus dem Fundus der Alten Welt. Besonders schöne Beispiele: der Sitz der Tageszeitung »La Crítica« (Haus Nr. 1333) sowie das Edificio Barolo (Nr. 1370) in Sichtweite des wuchtigen Kongreßpalastes.

Unterwegs im »guten alten Buenos Aires«

Hinter den Zuckerbäcker-Fassaden verbirgt sich häufig museale Technik: klapprige Fahrstühle mit doppeltem Scherengitter und zartem Glockenklang in jedem Stockwerk. Direkt in die Vergangenheit führen auch die Stufen zum U-Bahnhof Perú. Die Linie A der »Subte« wurde 1913 eingeweiht, und die Uhren in den schummrigen Stationen mit ihren kachelgeschmückten Wänden scheinen seither stillzustehen. Sogar noch einige Züge von damals sind in Betrieb; mit hölzernen Sitzreihen, blinden Spiegeln und Emailschildern rattern sie durch die Tunnel.
Eine Oase der Ruhe direkt an der lauten Avenida ist das legendäre »Café Tortoni«, wo Borges, García Lorca und Ortega y Gasset zur Tertulia, zur literarischen Runde, luden. Die »Confiterías«, so heißen die Kaffeehäuser von Buenos Aires, sind Institutionen im Alltag der Porteños. »Außer Haus, aber nicht an der frischen Luft« – das Motto der Wiener Kaffeehausphilosophen könnte gut vom Río de la Plata stammen.
Während die plüschigen, dunklen Confiterías vielen Porteños als private Rückzugsgebiete zum Grübeln und Fanatisieren dienen, ist die Plaza de Mayo der

Show-Time im »La Ventana«: Pathos, perfekt getimte Posen

Tanguería »El Viejo Almacén« (unten)

Kaffeehaus à la Buenos Aires: das Belle-Epoque-Café »Tortoni« in der Avenida de Mayo

Postmoderner Hafenboulevard Puerto Madero mit Büros und Restaurants

»Los shopping«, die eleganten Einkaufszentren der neunziger Jahre, sind für viele Porteños weit mehr als bloß Hochburgen des unkomplizierten Konsums. In den künstlichen Glitzerwelten verabredet man sich zum Schaufensterbummel, zum Mittagessen, man geht ins Kino oder läßt sich einfach ein paar Stunden treiben. Mit umgerechnet 800 Dollar Monatsgehalt sind für Durchschnittsverdiener zwar keine großen Konsum-Eskapaden möglich, aber zumindest träumen kann hier jeder vom großen Luxus. Allein die Architektur und die noblen Geschäfte in den »Galerías Pacífico« oder im »Patio Bullrich« sorgen für das richtige Flair.

Shopping als Kunstform: die 1992 wiedereröffneten Galerías Pacífico

öffentliche Raum der Stadt schlechthin. Das weite Geviert mitten in Monserrat war Schauplatz aller großen nationalen Dramen, angefangen bei der Revolution am 25. Mai 1810: Während das spanische Mutterland nach Trafalgar und Napoleons Einmarsch in Madrid am Boden lag, schmetterte Buenos Aires 1806 im Alleingang zwei britische Invasionsversuche ab. Wirtschaftlich ging es ohnehin steil bergauf, denn der florierende Freihandel

Mate wird bei jeder Gelegenheit getrunken

mit Europa bescherte der Kaufmannselite reiche Profite – kein Wunder also, daß sich die Porteños so stark wie nie zuvor fühlten.

Trotz des kühlen Maiwetters versammelte sich an jenem Tag eine große Menge auf dem alten Hauptplatz und forderte die Absetzung des Vizekönigs. Der koloniale Stadtrat, das Cabildo, wurde von einer provisorischen Regierungsjunta abgelöst, und die Unabhängigkeit nahm ihren Lauf. Das Werk vollendete endgültig Nationalheld General San Martín 1817 in der Schlacht von Chacabuco. Nun ruht der Gran Libertador in der klassizistischen Kathedrale, ehrenhalber ständig bewacht von zwei Grenadieren in Paradeuniform.

Seit den ersten freien Wahlen des Jahres 1912 nutzen nun Demokraten und Demagogen die Plaza de Mayo als Aufmarschfeld. Wer hier das gewaltigste Gedränge verursacht, darf sich als starker Mann fühlen.

Niemand beherrschte die Politik der Plaza so perfekt wie Juan Domingo Perón. Vom Balkon des Präsidentenpalastes, der Casa Rosada, verkündete er Ende der vierziger Jahre seine revolutionären Sozialgesetze, verteufelte er je nach Bedarf heute das Großkapital, morgen den Kommunismus. Kurz nach seinem Comeback

Zwischen Eleganz und Verfall: Architektur der Jahrhundertwende an der Avenida de Mayo im Herzen von Buenos Aires

Prominenten-Friedhof La Recoleta: Nobeladresse für die Ewigkeit

Nicht nur auf dem Friedhof Recoleta, auch auf den meisten öffentlichen Plätzen der Stadt spielen Generäle die Hauptrolle. Mitre, Alvear, Pueyrredón, Belgrano, Roca, Lavalle, Sarmiento und der omnipräsente »Gran Libertador« San Martín – die martialischen Heroen aus Bronze und Marmor gehören zu Buenos Aires wie der Rotwein zum »Bife«.

Casa de la Cultura in der Avenida de Mayo

La Recoleta: Parade für Generäle und Politiker

Schwarz und schlicht: das Grab von »Santa Evita«

aus dem Exil starb Perón 1974 an einer Lungenentzündung – Folge der endlosen Balkontiraden, wie Spötter behaupten.
1983 begrüßten Hunderttausende auf der Plaza das Ende des »Proceso«, der Militärdiktatur. Trotzdem marschieren die mutigen Mütter der Plaza de Mayo weiter mit ihren weißen Kopftüchern. Jeden Donnerstag um 15.30 Uhr gemahnen sie an das Schicksal ihrer »verschwundenen« Männer, Söhne und Töchter. »Bis zur Aufklärung aller Fälle«, wie ihre Vorsitzende Hebe de Bonafini betont. Denn nach wie vor befinden sich die meisten Folterknechte in Uniform auf freiem Fuß. Entweder wurden sie nie enttarnt oder schon bald nach den Prozessen von 1983 amnestiert, um die Generäle nicht zu provozieren.
Aus einem anderen Grund treibt es die Porteños auch in den neunziger Jahren

Sonnige Siesta auf der Plaza San Martín

wieder auf die Straße. »Der Menemiso macht die kleinen Leute kaputt«, schimpft Lehrerin Marcela aus dem Arbeiterviertel Barracas. Sie gehört zu denen, die immer wieder gegen den sozialen Sparkurs unter Präsident Carlos Menem demonstrieren. Die Angst geht um vor der Polarisierung der Gesellschaft in superreich und superarm. Denn während Wirtschaftsgurus und Unternehmer vom baldigen Anschluß an die Erste Welt schwadronieren, wuchert im Süden der Stadt ein Armutsgürtel aus staubig-tristen Villas Miserias mit Baracken aus Blech und Brettern.
Jeder zweite Erwachsene in Vierteln wie Fiorito oder Banfield hat kein Einkommen, jede dritte Familie kennt Leitungswasser und Kanalisation nur vom Hörensagen. Vor allem die neuen Immigranten leben in den Slums: Landflüchtige aus dem indianisch geprägten Nordwesten, aus Bolivien, Peru. Die Porteños aus den Villenvierteln rümpfen nicht selten die Nase über die »Schwarzköpfchen«, die Cabezitas Negras, und die »Lateinamerikanisierung« ihrer Stadt.

Viele fanden in Argentinien nicht das erhoffte Glück

Nicht viel besser gelitten bei der Gente Buena, der standesbewußten Oberschicht, waren die Immigranten des 19. Jahrhunderts. »Hacerse América« – ihr Glück in Amerika machen, davon träumten ganze Heerscharen verarmter Galicier, Genueser und Neapolitaner. Zwischen 1870 und 1910 stiegen fünf Millionen von den Dampfern, oft nur mit ein paar Lumpen im Pappkoffer und der Adresse irgendeines Verwandten in der Tasche. Doch das erhoffte Stück Land in der Pampa bekamen sie nicht, statt dessen wurden sie als Tagelöhner an den Docks oder in den Pökelhäusern der Fleischexporteure ausgenutzt.
Nur ihre Barrios sind inzwischen akzeptiert, als pittoreskes Aushängeschild des volkstümlichen Buenos Aires: La Boca, die Wiege des Tango und Heimstatt von Diego Maradonas Club Atlético Boca Juniors, besuchen tagsüber wahre Horden von Touristen. So südländisch heiter die verschachtelten und bunt bemalten Wellblechhäuser am berühmten Caminito, dem kaum 100 Meter langen »Gäßchen«, aber auch wirken mögen – sie symbolisieren die ärmlichen Lebensbedingungen ihrer Bewohner. Weil die besitzlosen Einwanderer kein anderes Baumaterial zahlen konnten, griffen sie auf Wellblech zurück. Die Idee zur Bemalung der Häuser hatte später der Maler Benito Quinquela Martín.

Fußball hält die Bewohner La Bocas zusammen

Jenseits des Caminito ist La Boca geblieben, was es immer war – ein Armutsviertel. In der schmierigen Brühe des Hafenbeckens am Río Riachuelo rosten ein paar alte Kähne vor sich hin, Jugendliche ohne Job machen nachts die Straßen zu einem rauhen Pflaster. Doch wenn die Boca Juniors zum »Superclásico« gegen

River Plate antreten, die »feinen Pinkel« aus der Oberstadt, dann halten alle zusammen – es geht schließlich um die Ehre des Barrio.
Nostalgie pur in San Telmo: Immer sonntags schmettert die Reinkarnation Carlos Gardels »Mi Buenos Aires Querido«: Schon im zarten Alter von acht Jahren sei ihm der »König des Tango« persönlich im Traum erschienen, schwört Carlos Luján. Seither muß er einfach seine Lieder singen, stets im schwarzen Sakko mit Einstecktuch, mit Hut und dicker Schminke im Gesicht. Jede Geste, jeder Blick sitzt. Das Faktotum von der Plaza Dorrego gehört ebenso zum Inventar des Viertels wie seine gemütlichen Bohème-Cafés, die kolonialen Patios, das Kopfsteinpflaster mit den alten Trambahnschienen, die Grammophone in den verstaubten Antiquitätenläden und der sonntägliche Flohmarkt auf der Plaza.

Hundeausführer im Nobelviertel Recoleta

El Caminito: Elendsquartier als Attraktion (unten)

Die »Juniors« sind die Seele von La Boca, dem alten Hafenviertel (unten)

Tango-Romantik in San Telmo

Nicht nur für die paar Pesos der Touristen, sondern auch mit sichtlicher Freude am Auftritt präsentieren sich dort die Tangosänger als Compadritos, schwofen alternde Pärchen mit heiligem Ernst. Die Show-Version mit einem Schuß routinierter Erotik inszenieren später am Abend die vielen Tanguerías des Viertels. Einer der Szene-Klassiker ist »El Viejo Almacén«, gegründet in den sechziger Jahren von Sänger Edmundo »El Feo« Rivero, dem »Häßlichen«. Daß die Bühnen vor allem die Erwartungen der Reisegruppen aus Brasilien, Japan oder Texas bedienen, ist indes kaum zu übersehen – allzu perfekt wird das Repertoire heruntergespult.
Unerwartete Kontraste zur Armut in La Boca und zur gepflegten Romantik von San Telmo dann an den postmodernen Hafendocks von Puerto Madero zwischen Stadtzentrum und Parque Natural: In den bis vor kurzem noch baufälligen Backsteinschuppen an der Costanera Sur haben sich Edelrestaurants, In-Kneipen und Galerien etabliert; die Promenade im Schatten alter Ladekräne lädt zum Flanieren direkt am Wasser ein. Als Vorbild für das teure Prestigeobjekt diente Barcelona, eine Stadt, die sich wie Buenos Aires lange Zeit den Zugang zum Meer durch Industrieanlagen verbaut hatte.
Mondän und weltoffen, so sehen sich die Porteños des gehobenen Mittel-

Schuhputzer in der Calle Florida, der beliebtesten Bummelstraße der Stadt

stands am liebsten. Ihre Wohnviertel liegen im Norden der Stadt, den Barrios Norte von Recoleta über Palermo bis Belgrano. Aristokraten, Geldadel und Offiziersfamilien flüchteten ab 1880 hierher, weil in Monserrat und San Telmo das Gelbfieber wütete. In Palermo stehen noch einige prunkvolle Paläste aus dieser Zeit entlang der Avenida Libertador und an der Calle Cerrito, aber nur ausländische Botschaften können die hohen Mieten bezahlen.

Eine Frage des Geldes sind auch die »Immobilien« im VIP-Friedhof Recoleta, in direkter Nachbarschaft zu den Schickimicki-Lokalen und Stundenhotels rund um die Plaza Alvear: 4700 monströse Mausoleen mit bis zu 15 Einzelgräbern sind hier hinter hohen Mauern versammelt, eingekeilt zwischen den gesichtslosen Hochhäusern der Umgebung. Mehr als 1000 steinerne Engel wachen über eine illustre Runde von vormals Schönen, Reichen und Mächtigen. Der Ruheplatz zwischen den Generälen Lavalle, Dorrego und Sarmiento, dem Gaucho-Poeten José Hernández und dem Boxer Luis Ángel Firpo kostet heute bis zu 150000 Dollar.

Absoluter Star unter den Verblichenen ist freilich Eva »Evita« Perón. Vor ihrer schwarzen Marmorgruft mit der Aufschrift »Familia Duarte« brennt ein ewiges Licht, und ihre zahllosen Verehrer sorgen stets für frische Blumen. Die blonde First Lady, die am 26. Juli 1952 33jährig an Leukämie starb, gilt beim einfachen Volk

La Boca: Am Río Riachuelo bröckelt der Putz

Dockarbeiter aus Genua riefen 1892 die kurzlebige »Freie Republik La Boca« aus. »El Caminito«, die berühmteste Straße des klassenbewußten Hafenviertels, verdankt ihr Aussehen vor allem dem hiesigen Maler Benito Quinquela Martín. Der Autodidakt mit Vorliebe für fröhliche Farben regte das begehbare Stadtteil-Denkmal an, benannt wurde es nach einem Evergreen des Tango-Dichters Juan de Dios Filiberto.

Mataderos: der größte Viehmarkt der Welt

1908 wurde das Teatro Colón, eines der schönsten Theater der Welt und berühmt für seine ausgezeichnete Akustik, mit »Aida« eingeweiht

Gaucho-Zaumzeug im Museo José Hernández

Jongleur vor dem Centro Cultural San Martín

Museo José Hernández: die »Rastra«, kostbarer Gürtelschmuck aus Silber

Basílica El Pilar (unten)

Premierenabend im edlen Teatro Colón

»Italienische Renaissance, französische Grazie und deutsche Solidität« gingen in dem Bau des Teatro Colón eine architektonische Ehe ein – jedenfalls nach dem Konzept der Baumeister Francisco Tamburini und Vittorio Meano. Zur Einweihung 1908 gab es Verdis »Aida«, jede Menge Pomp und Prominenz aus Übersee. Marmor, Kristallglas sowie Empire-Spiegel zieren Foyer und Logen, von der legendären Akustik schwärmen Sänger wie Kritiker auch heute.

bis heute als Symbol für eine gerechtere Welt, als »Mutter der Nation« und Verkörperung weiblichen Opfermutes – wohl Peróns bester Propagandatrick. Ihre Abschiedsworte »Weine nicht um mich, Argentinien« machte Musical-Autor Andrew Lloyd Webber unsterblich. 1955 schmuggelten die Militärs den einbalsamierten Leichnam der Vergötterten außer Landes; erst nach einer makabren Odyssee durch halb Europa konnte 1974 Peróns dritte Frau Isabel den toten Mythos heimholen. Daß ausgerechnet Pop-Skandalnudel Madonna 1996 die Titelrolle in Alan Parkers romantisierendem Evita-Singspiel bekam, sorgte für einen Sturm der Entrüstung in der argentinischen Öffentlichkeit.

Heimat der High-Society: Villa Freud und Country Clubs

Die Großstadt kostet Nerven – buchstäblich: Bei den Porteños blühen die Neurosen. Wen wundert es noch, angesichts der ständig wachsenden Hektik und dem Catch-as-catch-can um Geld und Karriere? In Palermo, dem Upperclass-Wohnviertel par excellence, kommt auf 200 Einwohner ein Psychiater – und mit dem Angebot wächst wiederum auch die Nachfrage. Mit zarter Ironie sprechen die Hiesigen deshalb von ihrer »Villa Freud«; an der zentralen Plaza Güemes spielen »Bar Sigi« und »Pizzeria Jung« auf die populäre Psycho-Szene an. Zahlreiche Fernsehdiskussionen, Zeitschriften und 150 neue Bücher jährlich widmen sich ausschließlich der Psychologie. So mancher Analytiker oder Chirurg dürfte seinen Sportwagen dem aktuellen Schönheitswahn verdanken. Selbst Teenager kratzen die letzten Pesos zusammen, um angebliche Problemstellen zu korrigieren. Auch der erste Mann im Staat liegt im Trend: Ohne seinen Kosmetiker unternimmt der geliftete Carlos Menem keinen Auslandsbesuch; im Präsidentenjet »Tango 1« steht sogar ein Friseursessel.

Die Rituale der Schönen und Reichen – im Norden der Stadt kann man sie studieren. In den Vororten Olivos und San Isidro hat sich die Haute Volée gediegene Gegenwelten zur Großstadt geschaffen, hermetisch abgeschirmt von privaten Sicherheitsdiensten. Mehr als 130 »Country Clubs« – Villenbezirke mit eigenen Parks, Jachthäfen, Ladenzentren und Golfplätzen – sind in den letzten Jahren entstanden. Für ihren Schutz sind 33 000 Angestellte, meist ehemalige Polizisten und Armeeoffiziere, verantwortlich.

Von Oktober bis Dezember trifft man sich auf dem Campo de Polo von Palermo. Den Nobelsport hoch zu Roß haben vornehme Porteños den Briten abgeschaut, als sie im 19. Jahrhundert groß ins Import-Export-Busineß mit der Insel einstiegen. Tea-Time, Rugby und Turf, exotische Lokalnamen wie »Young Men« oder »Red Bull« – allesamt Relikte der »feinen englischen Art« am Río de la Plata. Nur während des Falklandkrieges 1982 kam der britische Touch ein wenig aus der Mode; das ehrwürdige »Café Británico« strich aus patriotischen Gründen kurzzeitig sogar die Silbe »Bri« aus dem Namen.

Kräftig nach altem Geld und Alter Welt riecht es auch in Tigre, dem wohl schönsten Ende von Buenos Aires. Rund 30 Kilometer nördlich der City, zwischen Río Luján, Río Tigre und der Mündung des Paraná, entfaltet sich ein subtropisches Delta aus Flußarmen, Inseln und Kanälen, das zum Rückzug aus dem Trubel förmlich einlädt. Wunderbar versteckt zwischen Pindó-Palmen, Zedern und Ombú-Bäumen liegen einfache hölzerne Wochenendhäuschen, aber auch luxuriöse Quintas im Belle-Époque-Stil. Bereits im 19. Jahrhundert galt es bei der städtischen Oberschicht als schick, während der stickig-heißen Sommermonate in das amphibische Labyrinth zu flüchten, um die kühlere Luft am Wasser zu genießen – und um jedes Jahr wieder den Kampf gegen die Myriaden von Moskitos zu verlieren.

Tigre: nostalgisches Idyll mit High-Tech-Vergnügungspark

Am Río Luján, wo der Stadtbus Nr. 60 hält, träumen die inzwischen leicht morschen Klubhäuser aus der Stummfilmära von besseren Zeiten: das frühere Kasino »Tigre Club« mit seinen Tudor-Türmchen, der englische Ruderverein »Tigre Boat Club«, die herrlich morbide »Hostería El Tropezón«. Aber das schläfrige Idyll Tigre bekommt ein zeitgemäßes Image verpaßt. Die Musterhäuser der neuen Barrios Cerrados, schicke Bungalowdörfer mit allem Komfort, stehen schon zur Besichtigung bereit; der Parque de la Costa, eine Art argentinisches High-Tech-Disneyland, öffnete 1996 die Pforten. Nostalgie, Verfall und Fortschritt um jeden Preis – Widersprüche à la Buenos Aires.

REISE-INFO
BUENOS AIRES

Karte: Seite 113, Planquadrat C 3.
Anreise: Buenos Aires ist Dreh- und Angelpunkt des argentinischen Verkehrsnetzes. Internationale Flüge haben den Aeropuerto Ministro Pistarini in Ezeiza (38 km südwestlich) zum Ziel. Flüge innerhalb Argentiniens sowie von und nach Uruguay beginnen und enden im zentralen Aeroparque Jorge Newberry an der Costanera Norte. Busse der Firma »Manuel Tienda León« stellen die Verbindung zwischen beiden Airports bzw. zwischen Ezeiza und der Stadtmitte her (Büro: Santa Fe 790, Tel. 3 15 04 89); sie holen Passagiere auch im Hotel ab.
Der Busbahnhof Retiro (nördlich der Plaza San Martín) bedient sämtliche Provinzstädte. Mit Schiff und Bus gelangt man von den Docks an der Ecke Madero / Córdoba nach Montevideo; schneller ist die Überfahrt nach Uruguay mit dem Schnellboot (Alíscafo) nach Colonia.
Stadtverkehr: Die fünf U-Bahn-Linien (Subte) sind tgl. von 5.30 bis 22.30 Uhr in Betrieb. Der Einheitspreis pro Fahrt beträgt 0,45 $. Busse (Colectivos) verkehren in der ganzen Stadt; das Fahrtziel ist an der Frontscheibe abzulesen. Preis: 0,55 $, zahlbar am Automaten hinter dem Fahrer (nur Münzen, kein Wechselgeld). In die Außenbezirke gelangt man am schnellsten mit der Bahn. Taxi: siehe Allgemeine Reiseinformationen S. 111.
Unterkunft: Unter den Nobelherbergen (bis 350 US-$) ist vor allem eine hervorzuheben: Das »Claridge« (Tucumán 535, Tel. 3 14 77 00, Fax 3 14 80 22) liegt ideal im Zentrum und verströmt den Charme längst vergangener Tage. Topmodern und routiniert im Service sind u. a. »Park Hyatt« (Posadas 1088, Tel. 3 26 12 34, Fax 3 26 30 32) und »Kempinski Libertador« (Av. Córdoba / Maipú, Tel. 3 22 83 95, Fax 3 22 97 03).
Solide Mittelklasse in günstiger Lage: »Fénix« (San Martín 780, Tel. 3 12 48 45, Fax 3 11 28 46), »Lancaster« (Córdoba 405, Tel. / Fax 3 11 30 21) und »Castelar« (Av. de Mayo 1152, Tel. 3 83 50 01, Fax 3 83 83 88). Altmodisch und preiswert: »Gran Orly« (Paraguay 474, Tel. und Fax 3 12 53 44).
Empfehlenswerte Billighotels (DZ ab 30 $): »Uruguay« (Tacuari 83 / Ecke Av. de Mayo, Tel. 3 34 27 88), »Novel Hotel« (Av. de Mayo 915, Tel. 3 45 05 04) und »San Martín« (Av. Callao 327/ 1. Stock, Tel. 3 71 64 50). Im Tango-Viertel San Telmo: »Hotel Victoria« mit hübschem Patio (Chacabuco 726, Tel. 3 61 21 35).

Ausgehen: Besonders begehrt ist »Bife« (Fleisch). An den rustikalen Klassikern der Grillbranche kommt kein Besucher vorbei, die Portionen schaffen oft nur hartgesottene Fleischesser: »La Estancia« (Lavalle 941, Tel. 3 26 03 30), »La Chacra« (Av. Córdoba 941, Tel. 3 22 14 09) und »Los Troncos« (Suipacha 732, Tel. 3 22 12 95). Fleischberge satt auch an der schicken Costanera Norte und der noblen Flaniermeile Puerto Madero: »Los Años Locos« (Av. R. Obligado / Costanera Norte, Tel. 7 84 86 81) und »El Mirasol del Puerto« (Dávila 202, Tel. 3 15 62 77).
Anerkannte und preiswerte Pizza-Experten: »Los Ídolos« (Suipacha 434, Tel. 3 22 11 67), »Los Inmortales« (Corrientes 1369, Tel. 3 73 53 03) und »Filo« (San Martín 975, Tel. 3 11 03 12). Italienisch und anspruchsvoll: »Marco Polo« (Vuelta del Obligado 2070 / Plaza Belgrano, Tel. 7 88 44 00). Einfache Cantinas in La Boca: »Viejo Puente de Mario« (Almirante Brown 1499, Telefon 3 01 21 70), »La Cancha« (Brandsen 697, Tel. 3 62 29 75). Spanische Küche in kolonialem Ambiente: »Casa de Esteban de Luca« (Defensa 1000, Tel. 3 61 43 38). Fisch und Meeresfrüchte: »El Pulpo« (Tucumán 400, Telefon 3 11 03 30). Internationale Gourmetküche in den Edellokalen von Recoleta, z. B. im »Munich Recoleta« (R. M. Ortiz 1871, Tel. 8 04 39 81) und »Gato Dumas Cocinero« (Junín 1745, Tel. 8 06 58 01).
Confiterías (Kaffeehäuser): »Café Tortoni« (Av. de Mayo 829; freitagabends Tango live, mittwochs Jazz). Mit Marmor und Belle-Époque-Säulen renommiert die »Confitería del Molino« an der Ecke Av. Callao und Rivadavia. Legendär sind die Tango-Abende in der »Confitería Ideal« (Suipacha 384). Seit 1890 verabreden sich die Nachtschwärmer von Recoleta im »La Biela« (Av. Quintana 598). Professoren und Studenten bevorzugen das spartanisch-intellektuelle »Café La Paz« (Corrientes 1559). Zeitgemäßer: »Clásica y Moderna« (Av. Callao 892, mit Buchladen, freitags Live-Tango).

Das Edificio Barolo an der Avenida de Mayo

Nachtleben: Jung, schön und (finanziell) erfolgreich mag der Türsteher sein Publikum in den Diskos »El Cielo« und »Pachá« an der Costanera Norte. Zentraler: »Puente Mitre« und »El Coyote«, beide unter der Eisenbahnbrücke Arcos del Sol, Av. Sarmiento und Casares; ersteres ist Disco und Restaurant zugleich, zweiteres bietet Tex-Mex-Küche, Salsa- und Techno-Beats. Studentisch ist das Ambiente im »Living« (M. T. de Alvear 1540).
In den populären Bailantas, riesigen Salsa-Tanzschuppen, sind Jugendliche vom Stadtrand und Latino-Einwanderer unter sich, z. B. im »Metrópolis« (Santa Fe / Plaza Italia). Wie in der Geisterbahn fühlt man sich im schaurig-schönen »Nave Jungla« (Nicaragua 4346). Live-Jazz: »Oliverio Always« (Hotel Bauén, Callao 360, Telefon 3 72 69 06).
Tango: Showbühnen (ca. 45 US-$ mit Dinner): »El Querandí« (Perú 302, Tel. 3 45 03 31), »El Viejo Almacén« (Independencia y Balcarce, Tel. 3 07 73 88) und »Bar Sur« (Estados Unidos 299, Telefon 3 62 60 86). Generell weniger folkloristisch sind Lokale abseits von San Telmo, z. B. die »Casa de Aníbal Troilo« (Carlos Calvo 2540, Tel. 3 08 17 34) oder der »Club del Vino« (Cabrera 4737, Tel. 8 33 00 48). Im »Teatro Puente Alvear« (Corrientes 1659) spielt mittwochs um 13 Uhr das Orquesta del Tango de Buenos Aires gratis auf. Gesungenen Tango wie anno dazumal freitags im düsteren Vorort Pompeya (Anfahrt per Taxi): »Bar El Chino« (Pasaje Beazley/Av. Alcorta; s. Sonderthema Seite 100 / 101). Tanzsalons im alten Stil: »La Galería« (Boedo 722, Tel. 9 57 18 29) und »Volver« (Corrientes 837, Tel. 3 22 51 00). Details in den Magazinen »B. A. Tango« und »El Compadrito«.
Veranstaltungen: Programme von Oper, Theater, Konzert und Kino in der Tagespresse; telefonischer Kartenkauf per Kreditkarte über: Ticketron, Tel. 3 26 99 03. Bis zu 40 Prozent Rabatt auf alle Tickets bei: Cartelera (Lavalle 835, Local 27, Tel. 3 22 92 63).
Sehenswürdigkeiten: Im Zentrum südlich der Avenida 9 de Julio, auch Mon-

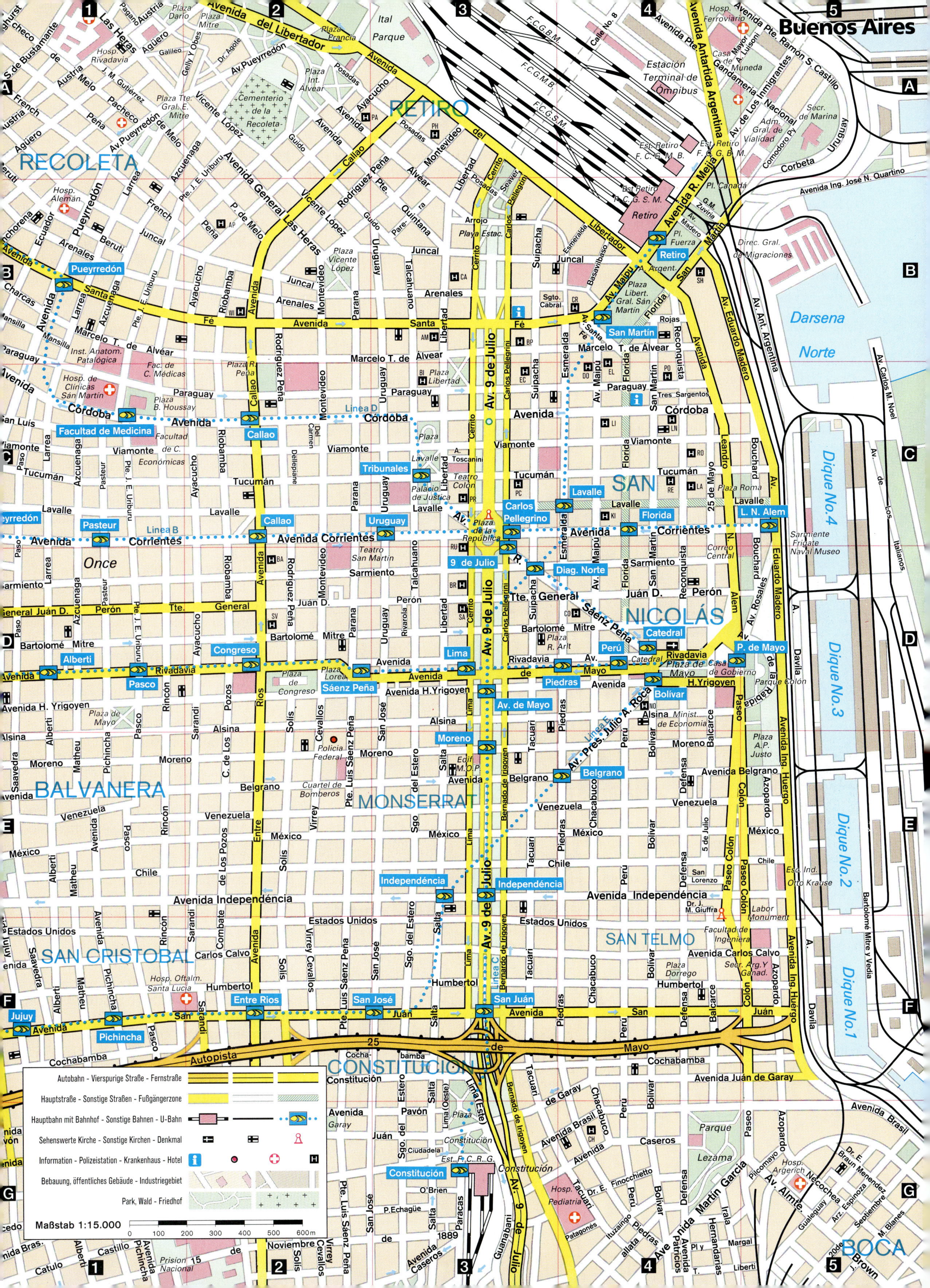

Buenos Aires
RECOLETA
RETIRO
SAN NICOLÁS
BALVANERA
Once
MONSERRAT
SAN TELMO
SAN CRISTOBAL
CONSTITUCION
BOCA
Darsena Norte
Dique No.4
Dique No.3
Dique No.2
Dique No.1
Avenida del Libertador
Avenida 9 de Julio
Avenida Corrientes
Avenida de Mayo
Avenida Rivadavia
Avenida Córdoba
Avenida Santa Fé
Avenida Independência
Avenida Belgrano
Avenida San Juan
Autopista 25 de Mayo
Avenida Eduardo Madero
Avenida Leandro N. Alem
Avenida Paseo Colón
Avenida Ing. Huergo
Avenida Callao
Avenida Entre Rios
Avenida Pueyrredón
Plaza de la República
Plaza de Mayo
Plaza de Congreso
Plaza San Martín
Plaza Lavalle
Plaza Dorrego
Parque Lezama
Parque Colón
Cementerio de la Recoleta
Estación Terminal de Omnibus
Retiro
Constitución
Casa de Gobierno
Teatro Colón
Palacio de Justicia
Línea A
Línea B
Línea C
Línea D
Línea E
Autobahn - Vierspurige Straße - Fernstraße
Hauptstraße - Sonstige Straßen - Fußgängerzone
Hauptbahn mit Bahnhof - Sonstige Bahnen - U-Bahn
Sehenswerte Kirche - Sonstige Kirchen - Denkmal
Information - Polizeistation - Krankenhaus - Hotel
Bebauung, öffentliches Gebäude - Industriegebiet
Park, Wald - Friedhof
Maßstab 1:15.000
0 100 200 300 400 500 600m

serrat genannt, liegt die Plaza de Mayo (Karte Seite 27, Planquadrat D 4): Hier stehen der Präsidentenpalast Casa Rosada und die Kathedrale (1862) mit dem Mausoleum für General San Martín. An die Mairevolution von 1810 erinnert eine Pyramide mit Siegesgöttin. An der Ecke 25 de Mayo steht die recht protzige Banco de la Nación (1952) mit ihrer riesigen Kuppel.
Die Manzana de las Luces (»Block des Lichts«) umfaßt u. a. die älteste Kirche der Stadt, San Ignacio (1773), sowie die Universität von 1730. Westlich der Avenida 9 de Julio und dem Obelisken erhebt sich der Kongreß, 1906 nach dem Vorbild des Washingtoner Capitols erbaut (D 2), davor ein Abguß von Rodins berühmtem »Denker«. Die Av. Corrientes, den »Broadway« von Buenos Aires, säumen Buchgeschäfte, Cafés und das Kulturzentrum San Martín. Das Teatro Colón (C 3), 1908 im Stilgemisch aus Empire und Renaissance fertiggestellt, sah schon Auftritte von Caruso, Callas, Pavarotti, Bernstein, Toscanini und Nurejew (Führungen Mo – Fr 9 –16, Sa 9 –12 Uhr).
Die zu Retiro-Bahnhof und Hafen hin sanft abfallende Plaza San Martín (B 4) lädt zum Pausieren unter ausladenden Ombú-Bäumen ein. In ihrer Mitte: die Torre de los Ingleses, ein Mini-Big-Ben, den britische Immigranten 1916 der Stadt spendierten. Das 120 m hohe Edificio Kavanagh (1936) war einmal der höchste Betonbau der Welt. An der Promenade Puerto Madero (C/D 5) ankern die Museumsschiffe »Corbeta Uruguay« (1874) und »Presidente Sarmiento« (1899). Die 350 ha große Reserva Ecológica vor den Docks wuchs im Laufe der Zeit auf Bauschutt; Joggen, Radfahren oder Spazierengehen tgl. von 8 –18 Uhr.
Das Herz des Viertels Recoleta bildet die Plaza Int. Alvear (A 2). An den pompösen Friedhof mit dem Grabmal Evita Peróns grenzt die koloniale Basílica del Pilar (1732) an; im großen Centro Cultural Recoleta erhalten junge Künstler ein Forum. Palermo ist nicht nur die »Villa Freud«, sondern auch das Parkviertel von Buenos Aires. Besonders schön: Parque 3 de Febrero mit Teich, Boots- und Fahrradverleih. Den gepflegten Jardín Japonés (Av. Casares / Berro) stiftete der Klub japanischer Einwanderer 1979. Im Zentrum von Palermo Viejo (um die Plaza Güemes) sind noch einige Stadthäuser der Jahrhundertwende erhalten.
In San Telmo, dem »Schwabing« von Buenos Aires, findet sonntags der bekannte Flohmarkt an der Plaza Dorrego (F 4) statt. Die Kirche Santo Domingo (18. Jh.) birgt eine 1806 von den Engländern erbeutete Flagge und die Überreste von General Belgrano. Stadtgründer Mendoza landete 1536 nebenan im heutigen Parque Lezama. Typische Patio-Bauten des späten 19. Jh. stehen noch in der Calle Defensa und in der Pasaje San Lorenzo, dort u. a. das mit 2 m schmalste Haus von Buenos Aires (Hausnr. 380).
Den kurze Straßenblock »El Caminito« in La Boca richtete der hiesige Maler Benito Quinquela Martín ein. Seine Werke zeigt das Museo de Bellas Artes de la Boca, gegenüber der Eisenbrücke (1914) über den Riachuelo. An der Calle Necochea liegen stimmungsvolle italienische Cantinas Tür an Tür.

20 verschiedene Routen fahren die Linienboote im Delta des Río Paraná ab

Museen: Museo Nacional de Bellas Artes (A 2; Av. del Libertador 1473; Di–So 12.30 –19, Sa 9.30 –19 Uhr): größtes Kunstmuseum Argentiniens in ehemaligem Wasserwerk, u. a. Degas, Gauguin, Rodin, Modigliani. Museo Nacional de Arte Decorativo (A 2; Av. del Libertador 1902; Mo – Sa 14 –19 Uhr, Di geschl.): Möbel, Keramik, Gemälde der Gründerzeit. Museo de Arte Moderno (F 4; San Juan 350; Mo – Fr 10 –20 Uhr): argentinische, internationale Kunst der Moderne. Museo de Motivos Populares Argentinos José Hernández (A 1; Av. Libertador 2373; Di – Fr 13 –19, Sa / So 15 –19 Uhr): Gaucho-Museum. Museo Histórico Nacional (G 4/5; Parque Lezama, Defensa 1600; Di–Fr 14–18 Uhr): argentinische Geschichte.
Shopping: Moderne Einkaufszentren hinter historischen Fassaden sind die Galerías Pacífico (Florida / Córdoba) und der Patio Bullrich (Av. del Libertador 750). Der letzte Schrei: Shopping Alto Palermo, an der Subte-Station Bulnes (Linie D). Boutiquen und Läden aller Art säumen die Calle Florida, günstige Sonderangebote, aber auch viel Ramsch findet man im jüdischen Barrio Once (Av. Corrientes und Puerreydón). Ansprechendes Kunsthandwerk aus allen Landesteilen: Artesanías Argentinas, Montevideo 1386. Nicht billig, aber immer einen Bummel wert sind die Antiquitäten, Musikalien von San Telmo, z. B. in der bildschönen Pasaje Defensa (Defensa 1179) oder bei Macrame (Defensa 1065). Tango-Souvenirs gibt es bei Che Bandoneón (Paraguay 697), Tanzschuhe in Juan Tozzis Fábrica Fattomano (Guatemala 4466, Tel. 8 32 31 56).
Ausflüge: Estancia-Besuche, Stadtrundfahrten, Abstecher nach Uruguay, komplette Argentinien-Rundreisen organisieren z. B. »Turismo Flyer« (Reconquista 617, 8. Stock, Tel. 3 13 82 24, Fax 3 12 13 30) und »Eves Turismo« (Tucumán 702, Tel. 3 93 61 51, Fax 3 93 64 11). Zum Tigre-Delta fahren die Colectivos der Nr. 60 (ab Av. Callao) sowie die Züge der Ferrocarril Mitre ab Retiro. Ausflugs-Katamarane durch das Delta legen auch am Zielbahnhof des Tren de la Costa ab, der zwischen Estación Maipú (Stadtteil Olivos) und Tigre pendelt.
Information: Dirección General de Turismo de Buenos Aires, Sarmiento 1551, 5. St., Tel. / Fax 3 74 75 33. Weitere Büros: Av. Diagonal Norte/Florida und Galerías Pacífico, 1. Ebene; tgl. von 9 –17 Uhr.

Schiffe aus aller Welt kommen über den Río de la Plata in den Hafen von Buenos Aires

Avenida de Mayo mit Subte-Station Perú

Stars im Teatro Colón: Caruso, Toscanini und die Callas

Kavanagh-Hochhaus an der Plaza San Martín

Der Río de la Plata, der »Silberfluß«, ist eigentlich gar kein Fluß. Auch der Name Mar Dulce, »süßes Meer«, wie sein Entdecker Díaz de Solís das Gewässer einst taufte, führt auf die falsche Fährte. Geographisch korrekt wäre hingegen der Terminus »Ästuar«, der ein von Gezeiten beeinflußtes Flußdelta bezeichnet. Das Mündungsgebiet des Río Paraná selbst, bestehend aus zahllosen Wasserläufen und Inseln, ist beinahe so groß wie Belgien.

Zeugnis der Eisenbahnpionierzeit in Argentinien ist die Estacíon Retiro

PAMPA, KÜSTE

Die Heimat eines Mythos

Die Pampa ist die wohlhabende Vieh- und Kornkammer Argentiniens – und die Heimat der Gauchos. Jahrhundertelang zogen sie einsam, stolz und frei über die endlosen Weiden und wurden zum Mythos. Heute tun sie als schlichte Landarbeiter ihre Pflicht (Foto: Estancia Ibera). Vom Reichtum der Region zeugen noch immer die Estancias, die prächtigen Landsitze der Rinderbarone.

»Unbeweglich betrachtete ich jene aus Pferd und Reiter gebildete Silhouette, die sich am leuchtenden Horizont abzeichnete. Mir war, als hätte ich ein Gespenst gesehen, einen Schatten, etwas, was eher einer Idee als einem körperlichen Wesen gleicht.« Das Phantom, dem Ricardo Güiraldes 1926 in seinem Epos »Das Buch vom Gaucho Sombra« einen so starken Auftritt verschaffte, ist kein geringerer als der argentinische Mythos schlechthin: der Gaucho. Einsam, mutig, ritterlich, stolz und unermeßlich frei – so soll der Cowboy Südamerikas gewesen sein, glaubt man der Literatur des späten 19. und des frühen 20. Jahrhunderts. Gerade in dieser orientierungslosen Zeit, als die Immigrantenströme das soziale Gefüge der Städte auf den Kopf stellten, kürten Intellektuelle den edlen Wilden aus der Pampa zum Ur-Argentinier. Was aber ist Dichtung, was Wahrheit? Wer war, wer ist der Gaucho wirklich?

Gauchos: Outlaws oder edle Cowboys

Spurensuche in San Antonio de Areco, zwei Busstunden nordwestlich von Buenos Aires. Die Pampa-Kleinstadt wie aus dem Bilderbuch wurde 1730 gegründet, ihre teils noch kopfsteingepflasterten Straßen verlaufen im kolonialen Schachbrettmuster und tragen die Namen von Generälen – San Martín, Rivadavia, Belgrano, Mitre. Im Zentrum öffnet sich die obligate Plaza mit Kirche, Bank und Intendencia. Wochentags wirken die einstöckigen Wohnhäuser mit ihren gußeisernen Fenstergittern wie ausgestorben, denn die meisten Menschen verdienen ihr Geld in der Hauptstadt oder im 70 Kilometer entfernten El Pilar, wo Getreide und Fleisch für den Export verarbeitet werden.

Touristen kommen gerne nach Areco, in der Umgebung findet man einige der traditionsreichsten und schönsten Herrenhäuser Argentiniens – die einzigen echten Sehenswürdigkeiten der Pampa. Ansonsten gibt es »nur« Landschaft: Himmel, Wolken und die immergrüne Grassteppe, aus der sporadisch die pilzförmigen Caldén-Bäume herausragen.

Ein Stück Europa mitten in der Neuen Welt – das war das Ideal, nach dem die Rinderbarone in der goldenen Epoche zwischen 1850 und 1930 strebten. Ihre Landsitze bauten sie frei nach Gusto, Geld spielte keine Rolle: Noch in den

Die Pampa ist etwa so groß wie Polen und die Vieh- und Kornkammer Argentiniens (unten)

Beim Rodeo reiten die Gauchos ihre Pferde zu (unten)

Auf einer Estancia bei Corrientes fangen Gauchos ihre Criollo-Pferde ein

Kein Estancia-Feierabend ohne anständiges Asado

Das »Facón«, das Allzweckmesser der Gauchos

»El Caballo Criollo«, das Pampa-Pferd, ist der ganze Stolz des Gaucho. Die kleinwüchsige und kräftige Rasse stammt von jenen Tieren ab, die die Spanier am Río de la Plata einführten. Hier vermehrten sie sich wie Wildpferde und wurden nur bei Bedarf eingefangen und gezähmt. »Criollos« zeichnen sich durch ihre enorme Beweglichkeit aus, sie gelten als besonders belastbar und genügsam – zum Leben brauchen sie kaum mehr als das Gras der Pampa.

abgelegensten Winkeln der Pampa stößt man daher auf toskanische Villen, Tudor-Schlösser oder maurische Paläste. Ihre Reichtümer verdankten die Rancher der neuen Kühltechnik, die den Fleischexport erst möglich machte. Was heute die arabischen Ölscheichs sind, waren damals die Estancieros; »reich wie ein Argentinier« hieß ein spanisches Sprichwort.
Doch die Zeiten haben sich gründlich geändert. Der Fleischexport geht zurück,

»La Señalada«, das Markieren des Jungviehs

250 000 Tonnen sind es jährlich, 1980 war es noch die doppelte Menge – Folge des teuren Peso, aber auch veränderter Eßgewohnheiten in Übersee. Nicht wenige Estancias verlegen sich längst auf andere Branchen. La Porteña zum Beispiel, Arecos historisches Prachtstück, lebt überwiegend vom Fremdenverkehr, den Rest trägt die Zucht von Polopferden bei. Dabei kann das Gut als einer der Ursprünge des Gaucho-Mythos gelten, schrieb doch Ricardo Güiraldes hier sein Hauptwerk.
Das ehemalige Arbeitszimmer des Schriftstellers befindet sich im ersten Stock des Haupthauses, geschmackvoll mit Mahagonimöbeln und alten Stichen dekoriert. Um das Vordach der Veranda ranken sich Trauben violett blühender Glyzinien, den Hof ziert ein Ziehbrunnen aus dem 19. Jahrhundert. Queca und Manuel Güiraldes sind heute die Patrones, direkte Nachkommen des Dichters. Fünf antik

Speisesaal in der Estancia La Porteña bei San Antonio de Areco

An der Plaza Moreno von La Plata, das 1882 gegründet wurde

Noble Herberge für »Ferien-Gauchos«: Die Estancia La Porteña bietet fünf Schlafzimmer mit Kamin und Bad

Provinzidyll der Pampa: Chascomús mit seiner Kathedrale

Auf zehn Quadratkilometer Pampa kommt nur ein Mensch, rein statistisch betrachtet. Von jeher bildet dieser Reichtum an Raum auch die Grundlage für den Wohlstand der Estancieros. Gut 50 Millionen Rinder versorgt die Grassteppe mit Futter, 95 Prozent der Getreideproduktion stammen aus der Region. Allein die jährliche Weizenernte wiegt mehr als eine Million Tonnen. Ihre schwindenden Exporterlöse in Europa, zuletzt 290 Millionen Dollar, hoffen die Rinderzüchter künftig wieder zu steigern – denn BSE gibt es in Argentinien nicht.

Museo de Ciencias Naturales in La Plata

Beliebtes Pilgerziel: Basílica de Luján von 1932

eingerichtete und kaminbeheizte Gästezimmer stehen bereit, im Park mit seiner herrlichen Ulmenallee sorgt ein Swimmingpool an heißen Sommertagen für Abkühlung. Zwei Männer kümmern sich um das tägliche Asado, satteln die Pferde für die Touristen.
Bei der Arbeit tragen sie die Bombacha, die halblange Pluderhose des Gaucho, und die schwarze Boina, die Baskenmütze. Mit ihren wettergegerbten Gesichtern und den dunklen Schnäuzern scheinen sie direkt dem »Buch vom Gaucho Sombra« entsprungen. Ob sie sich als Gauchos fühlen? Irgendwie schon, antworten sie ausweichend, aber es seien jetzt eben andere Zeiten...

Als die Freiheit noch grenzenlos war...

Die ersten Gauchos waren Mestizen, ungeliebte Söhne von Spaniern und Indianerinnen. Wie zuvor die Nomadenvölker der Mapuche und Tehuelche Guanakos und Nandús folgten, so ritten im 16. und 17. Jahrhundert die Gauchos den verwilderten Viehherden durch die grenzenlose Ebene hinterher. Für Gesetze, Eigentum und Feldarbeit hatten sie keinen Sinn. Mit ihren Begleiterinnen, den Chinas, lebten sie ohne kirchlichen Segen zusammen, sie lagerten unter freiem Himmel oder bauten sich simple Lehmhütten. Sie brauchten nicht viel, und was sie brauchten, das nahmen sie sich. Fleisch gab es mehr als genug. Was nicht sofort verzehrt wurde, blieb eben liegen. Sie jagten mit Lasso und Boleadoras, lederüberzogenen Wurfkugeln, die sich um die Beine des Opfers schlangen.
Es heißt, Gauchos hätten oft ein Rind getötet, nur um an den Hörnern ihr Pferd anzubinden. Spanische Caballeros erzählten mit Schaudern, daß sie statt Stiefel die noch warme Beinhaut frisch geschlachteter Fohlen an den Waden trügen. Ritten sie in die Städte, versteckten Bürger Frauen und Kinder, denn Gauchos galten als asozial und verwahrlost, man schimpfte sie Viehdiebe, Säufer, Raufbolde – die legendären Gentleman-Manieren wurden ihnen erst von Güiraldes und Co. angedichtet.
Das Ende des wilden Lebens kam mit den weißen Estancieros, die das Land vermaßen und großzügig unter sich aufteilten. »La Pampa se alambra«, besagt ein geflügeltes Wort in Argentinien, »Die Pampa wird eingezäunt« – schlechte Zeiten für Vagabunden. Ab 1815 mußten Gauchos sogar ein Arbeitsbuch führen, und wer weder eigenen Grund noch Job vorweisen konnte, wurde zum Militärdienst verpflichtet. Dafür freilich schien der Gaucho immer gut genug: Gegen die Spanier waren etwa die Horden des Generals Martín Güemes aus Salta kriegsentscheidend. Danach mußten die einst unbeugsamen Reiter niedere Dienste auf den Viehfarmen verrichten, Schafe scheren, Hengste kastrieren, Zäune ziehen. Nicht ganz so entwürdigend war die Aufgabe des Domador, des Pferdebändigers: Hier durfte der Gaucho beweisen, daß er ein Mann war und kein Bauer.
Ihre heutigen Nachfahren nennen sich schlicht »Landarbeiter«, Paisano, Peón, vielleicht Capataz, »Vorarbeiter«. Eine Million sollen es noch sein, nicht nur in der »feuchten« Pampa Húmeda, der Korn- und Fleischkammer von Buenos Aires, sondern auch auf den zahlreichen weiteren Estancias zwischen Corrientes und Feuerland. Mit Allradauto und Melkmaschine gehen moderne Gauchos so geschickt um wie ihre Vorgänger mit Reitpeitsche und Lasso.
Wenn sie sich versammeln, etwa zu Viehauktionen oder zur Folklore-Fiesta am Día de la Tradición in San Antonio de Areco, dann blitzt der alte Stolz wieder auf, und jede Menge poliertes Edelmetall glänzt in der Sonne: Seit Generationen vererbtes Zaumzeug und Steigbügel, silberne Sporen und Beschläge. Aber keine Tracht wäre komplett ohne die breite Rastra, den mit Münzen und Beschlägen verzierten Gürtel. Hinten, auf dem Rücken, steckt stets das Facón, ein Messer von der Länge eines Unterarmes, »ohne das ein Gaucho ebensowenig leben könnte wie der Elefant ohne Rüssel; es ist sein Arm, seine Hand, sein Finger, sein alles«, wie der Dichterpräsident Domingo Faustino Sarmiento Mitte des 19. Jahrhunderts schrieb.

Nur wenig ist geblieben von der alten Gaucho-Herrlichkeit

Ihr Können auf dem Rücken wendiger Criollo-Hengste stellen die Gauchos bei den Rodeos unter Beweis. Bei der Sortija etwa muß aus vollem Galopp mit einer Lanze ein winziger Ring aufgespießt werden, der von einem Balken baumelt. Bei der Maroma läßt sich der Reiter vom Tor über dem Gehege auf ein ungezähmtes Tier fallen, um es zu bändigen. »Gaucho

zu werden, lernt man nicht, man wird dazu geboren«, sagen sie. Wer würde es ihnen nicht glauben?
La Pampa – das sind aber nicht nur Estancias und Gaucho-Folklore. Direkt vor der Haustür der Porteños erhebt sich das wichtigste Heiligtum argentinischer Katholiken: Die 107 Meter hohen neugotischen Türme der Basílica de Nuestra Señora von Luján, der Kirche für die Schutzpatronin des Landes. Jeden ersten Sonntag im Oktober legen mehr als eine Million meist jugendlicher Pilger in einem Nachtmarsch die 70 Kilometer von Buenos Aires bis zum Schrein der wundertätigen Madonna zurück, um für ihre gemeinsame Zukunft zu beten.
Das Pendant zu Brasília, der künstlichen Kapitale des Nachbarstaates Brasilien, heißt La Plata: Die 600 000 Einwohner zählende Hauptstadt der Provinz Buenos Aires wurde 1880 auf dem Reißbrett geplant und von führenden europäischen Architekten innerhalb von zwei Jahren aus dem Boden gestampft. Die völlig regelmäßigen Straßen sind durchnumeriert, Namen tragen nur die Plätze. Die Kathedrale an der Plaza Moreno erinnert entfernt an einen turmlosen Kölner Dom; für den Palacio Municipal im Stil der deutschen Renaissance verpflichtete man Baumeister Hubert Stiers aus Hannover.

Sommerliches Highlife an der Atlántida Argentina

Noch mehr Reisende als nach Luján zieht es alle Jahre wieder an die Atlántida Argentina, die Küste zwischen den Seebädern von San Clemente del Tuyú bis Monte Hermoso. Wer aber Ruhe und Entspannung sucht, ist im Urlaubsparadies der Argentinier fehl am Platz. Von Mitte Dezember bis Ende Februar herrschen Highlife und drangvolle Enge an den Stränden. Die Bettenburgen sind dann bis auf die Besenkammer ausgebucht, ebenso die Badekabinen der Balnearios. Restaurants und Nachtklubs legen Sonderschichten ein, und mit der Stimmung steigen auch Lärmpegel und Preisniveau.
Im Epizentrum des Geschehens liegt Mar del Plata, kurz Mardel oder auch »Perle des Atlantiks« genannt. Das einstige Schmuckstück, 1874 gegründet und in den zwanziger Jahren als High-Society-Treffpunkt gerühmt, hat indes eine billige Fassung aus Beton bekommen. Zu planlos wuchs das »Benidorm Südamerikas«

Urlaubsbekanntschaft in Argentiniens Ferienhochburg Mar del Plata

Typisch für Mar del Plata: Haus im anglo-argentinischen Landhausstil

Die meisten Orte der Pampa sind noch keine 100 Jahre alt. Als historische Attraktionen gelten da schon die wenigen Bauten des frühen 20. Jahrhunderts, wie sie etwa das Zentrum von Mar del Plata schmücken. Erst 1931 kaufte der Schweizer Karl Idaho Gesell 100 Kilometer leeren Strandes am Atlantik, um hier einen Kindheitstraum zu verwirklichen: die Gründung einer eigenen Stadt. Anfangs verliefen die Straßen von Villa Gesell noch im Sand, heute drängen sich moderne Betonburgen entlang der Promenade.

Mar del Plata: Das monumentale Casino Provincial besuchen täglich bis zu 25 000 Menschen

seit den fünfziger Jahren, zu massiv ist der sommerliche Massenansturm. Die Bevölkerung schwillt in der Hochsaison von 480 000 auf gut das Fünffache an – erstaunlich genug, daß die Seelöwen an der Hafenpromenade sich von dem Betrieb nicht stören lassen.

Charme hat Mar del Plata nur außerhalb der Saison, wenn die Playa Bristol vor der Monumental-Kulisse von »Hotel Provincial« und Casino nicht aus allen Nähten platzt. Aus der Belle Époque des Bade-Tourismus stammt der Pintoresquismo, eine für Mardel charakteristische Bauweise mit diversen kuriosen Anleihen bei südenglischem Fachwerk und normannisch-baskischem Stil à la Brighton oder Biarritz.

Gemütlicher und gediegener ist die Atmosphäre in den Refugien der oberen Mittelklasse, etwa in Pinamar und Villa Gesell, das der Schweizer Carlos Gesell 1931 gründete. Zwischen beiden Seebädern erstrecken sich weite Pinien- und

Auf Dünentour bei Villa Gesell

Sonnenbad in Villa Gesell

Eukalyptushaine, die zum Schutz der Sanddünen vor der Erosion angelegt wurden. Schmucke Villen mit Reetdächern fügen sich harmonisch in die Landschaft ein, für Ruhesuchende stehen auch kleine Cabañas zum Mieten bereit.

Die letzte Station vor dem Übergang zur patagonischen Halbwüste ist Bahía Blanca, eine reine Industrie- und Hafenstadt mit 300 000 Einwohnern und dem Beinamen »Liverpool Argentiniens«.

Ein Abstecher führt ins Landesinnere, in die 1240 Meter hohe Sierra de la Ventana. Vom »Fensterberg«, einem Felsdurchbruch auf Gipfelhöhe, bietet sich zum Abschied der Paradeblick zurück in die Pampa – so weit das Auge reicht…

Appartementhäuser am Strand von Villa Gesell, das besonders von jugendlichen Gästen besucht wird

REISE-INFO
PAMPA, KÜSTE

San Antonio de Areco

Karte: Seite 113, Planquadrat C 3.
Anreise: Mehrmals täglich mit dem Bus ab B. A., Terminal Retiro. Mit dem Auto auf der Ruta Nacional 8, 113 km von B. A.
Unterkunft: Einfache, freundliche Häuser: »Hostal de Areco« (Zapiola 25, Tel. 03 26 / 40 63) und »Hotel Residencial« (Segundo Sombra y Rivadavia, Tel. 21 66).
Essen: »Almacén de Ramos Generales« (Bolívar 66, Tel. 5 52 35): urige Parrilla in altem Gemischtwarenladen.
Sehenswürdigkeiten: Von der zentralen Plaza Ruiz de Arellano führt der Puente Viejo (1857) über den Río Areco. Am Nordufer liegt der Parque Criollo, 1938 zu Ehren der Gaucho-Kultur eröffnet, u. a. mit dem Museo Gauchesco R. Güiraldes mit Sälen zu Gaucho-Literatur und Alltag von Estancieros und Gauchos (Mo – Fr 10 –15, Sa / So 10 –17 Uhr).
Estancias: »La Cinacina« (Mitre 9, Tel. in Buenos Aires 01/3 42 19 86): am östlichen Stadtrand, täglich Gaucho-Show mit Rodeo, Asado und Ausritt. Mehr Zirkus als Ranch; Tagestour inkl. Transfer ab Buenos Aires 60 $ p. P., keine Gästezimmer. »La Porteña« (ca. 8 km nordöstlich von Areco, Tel. 37 70): sehr schöne Zimmer mit Belle-Époque-Details, DZ mit Vollpension und Ausflügen 250 $. »El Ombú« (10 km, Tel. 9 20 80, in B. A. Tel./Fax 01/7 93 24 54): 1890 im toskanischen Stil erbaut; mit herrlichem Billardsalon, deutschsprachig, Kutschfahrten, Pool. »La Bamba« (13 km, Tel. 40 53): seit 1830, im Kolonialstil mit spanischem Patio, weiter Park, Pool, ideal für Naturliebhaber.
Information: Dirección Municipal de Turismo, Castex y Arellano, Tel. 31 65, Fax 21 01.

La Plata

Karte: Seite 113, Planquadrat C 3.
Anreise: Per Bus halbstündlich ab B. A. Retiro, mit dem Zug stündlich ab Constitución. Busterminal: Calle 4 y 42. Bahnhof: Av. 1 y 44.
Unterkunft: »Hotel La Plata« (Av. 51 No. 783, Tel./Fax 021/ 21 13 65): zentral, solide Mittelklasse.
Estancias: Südwestlich von B. A., bei Lobos und San Miguel del Monte, liegen zwei der schönsten Landsitze: Die kastellartige »La Candelaria« (Ruta 205, Km 114,5 bei Lobos, Tel. 02 27/ 9 13 34) und »La Benquerencia« (Ruta 41 nahe San Miguel del Monte, deutschsprachig, Tel. 02 71/2 07 48) mit 50 ha weitem Park.
Essen: »El Quijote« (Plaza Paso, Tel. 21 05 78): exzellente Meeresfrüchte.
Sehenswürdigkeiten: Der eklektizistische Alte-Welt-Stilmix treibt seltsame Blüten in La Plata. U. a. sehenswert: Die »flämische« Casa de Gobierno (Plaza San Martín) und das »französisch«-klassizistische Kulturzentrum Pasaje Dardo Rocha (Calle 50, zwischen Calle 6 und Av. 7).
Ein Muß: das tempelähnliche Museo de Ciencias Naturales (Paseo del Bosque; Mo – Fr 12 –18, Sa / So 10 –18 Uhr) mit seiner interessanten, wenn auch sehr altmodisch präsentierten Sammlung von Fossilien und Saurier-Skeletten.
Information: Plaza Moreno, Tel. 25 83 34. Zuständig für die gesamte Provinz B. A.: Subsecretaría de Turismo, Calle 12 y 53, Tel. 29 55 53, Fax 29 55 54.

Pinamar/Villa Gesell

Karte: Seite 113, Planquadrat D 3.
Anreise: Per Bus mehrfach tgl. ab B. A., im Sommer tgl. Flüge ab Aeroparque. Mit dem Auto bieten sich zwei Routen an die Küste an: die teils ungeteerte Ruta 11 (»Camino de la Costa«), die dem attraktiven und ursprünglichen Küstenabschnitt am Río de la Plata folgt, und die Ruta 2 via Chascomús und Dolores.
Unterkunft: Das Vier-Sterne-Hotel »Del Bosque« (Pinamar, Av. Bunge y Júpiter, Tel. 02 54 / 8 24 80, Fax 8 21 79) liegt hübsch im Eukalyptuswald.
Für Nostalgiker: »Viejo Hotel Ostende« (Biarritz y Cairo, Ortsteil Ostende, Tel. / Fax. 8 60 81). Eines der wenigen ganzjährig geöffneten preiswerten Häuser in Villa Gesell ist die Hostería »Casa Blanca« (Av. 1 y Paseo 103, Tel./Fax 02 55/6 40 38).

Playa Bristol im Zentrum von Mar del Plata

Essen, Ausgehen: »Cantina Arturito« (Av. 3 y Paseo 126, Tel. 6 30 37): Villa Gesells beste Adresse für Pasta und Fisch. In Pinamar: »Paxapoga« (Av. Bunge y Libertador, Tel. 8 49 85).
Sehenswürdigkeiten: Ausritte in die Dünen und Jeeptouren zum imposanten Leuchtturm El Querandí organisiert die »Agencia Playa Médanos« (Av. 3 y Paseo 111, Villa Gesell, Tel. 6 31 18). Auskunft zur jungen Stadtgeschichte gibt das Museo Histórico (Alameda 202 / Calle 302, tgl. 9 –13 und 16 –20 Uhr). Bei San Clemente del Tuyú, 88 km nördlich von Pinamar, lockt Mundo Marino, Südamerikas größter Freizeitpark, mit aufwendigen Tiershows (u. a. Seelöwen, Delphine, Orcas).
Information: Pinamar: Av. Bunge 500, Tel. 02 54 / 8 27 49, Fax 8 56 77. Villa Gesell: Av. Buenos Aires, Tel. / Fax 02 55 / 6 85 96.

Mar del Plata

Karte: Seite 113, Planquadrat D 3.
Anreise: Viele tägliche Flüge ab B. A., ebenso mit Bus und Bahn (Bahnhof Constitución). Im Sommer sollte unbedingt frühzeitig reserviert werden.
Unterkunft: »Gran Hotel Provincial« (Bv. Marítimo 2500, Tel. 023 / 91 59 50, Fax 91 59 55): der Klassiker, gleich neben dem Kasino. Preiswert und strandnah: »Nuevo América« (Brown 1762, Tel. 95 19 98).
Essen, Ausgehen: »Trenque Lauquén« (Mitre y Garay, Tel. 93 71 49; Parrilla), »Tía Pepina« (H. Yrigoyen 2699, Tel. 95 53 09; italienisch) und »Coyote« (Av. Constitución 6650, Tel. 79 79 30; Tex-Mex). Viele Bars, Diskos an der Av. Constitución.
Sehenswürdigkeiten: Gründerzeitvillen: Villa Normandy (Viamonte 2216; italienisches Konsulat); Villa Mitre (Lamadrid 3870; mit Museo Histórico, Di – So 16 –20 Uhr), Villa Ortiz Basualdo (Colón 1189; mit lokalem Kunstmuseum, 10 –13, 18 bis 21 Uhr, Mi. geschl.), Villa Victoria (Matheu 1851; ehem. Literaten-Salon der Dichterin Victoria Ocampo, nun Kulturzentrum). Schön zu beobachten sind die Fischer beim Einbringen des Fangs ab 17 Uhr an der Banquina de Pescadores (gute Fischlokale nebenan).
Ausflug: Nach Balcarce (60 km nördl.) zum Automobilmuseum des Formel-1-Rekordchampions Juan Manuel Fangio (mit seinem Mercedes »Silberpfeil« von 1954), tgl. 10 –20 Uhr.
Information: Bv. Marítimo 2267, Tel. 95 08 53, Fax 94 25 53.

Angler an der Laguna Mar Chiquita ganz in der Nähe des argentinischen Urlaubszentrums Mar del Plata

Centro Cultural Victoria Ocampo in Mar del Plata

Mar del Plata: Plaza San Martín und Kathedrale

Gaucho bei einem Rodeo in Vivorata

Die Jungfrau von Luján ist die meistverehrte Heilige im katholischen Argentinien. Der Legende nach passierten irgendwann in der ersten Hälfte des 17. Jahrhunderts zwei kostbare Bildnisse der Mutter Gottes von Brasilien auf dem Weg nach Hochperu per Ochsenkarren das heutige Luján. Wo nun die Kathedrale aufragt, sollen damals die Zugtiere ihren Dienst versagt haben. Zu bewegen waren sie angeblich erst wieder, als man ein Bild abgeladen hatte. Um dem Zeichen Gottes zu folgen, erbauten die Spanier an gleicher Stelle eine Kirche.

Neugotik aus Beton: Rosette der Basílica de Luján

NORDWESTEN

Höllentrip über die Anden

Langsam quält sich der Tren a las Nubes von Salta erst durch die subtropischen Niederungen am Río Rosario, dann durch die Hochgebirgswüste der Puna über die Anden (Fotos): eine phantastische Panoramareise durch das »alte Argentinien« der Indígenas und zugleich eine Tortur für die Passagiere. Denn in der dünnen Luft wird so mancher vom Höhenrausch gepackt.

Kaum zwei Stunden im »Blechkondor« – so nennen die Indígenas im Hochland das Flugzeug – und Buenos Aires hört auf zu existieren. Das jedenfalls könnte glauben, wer die Mega-Metropole auf dem Luftweg in Richtung Nordwesten hinter sich läßt. Denn mit der europäisch-hektischen Lebensart der Porteños haben die Städte und Provinzen des NOA, des »Noroeste Argentino«, nur wenig gemein. Die Regionen Tucumán, Salta und Jujuy sind kulturell tief in Südamerika verwurzelt, und ihre selbstbewußten Bewohner fühlen sich in vielerlei Hinsicht den nördlichen Andenstaaten näher als dem Río de la Plata. Vorkolumbische Legenden und Religionen, kolonialzeitliche Architektur, Musik und Tänze aus den Anden, farbenfrohe Indio-Märkte, der Geschmack von Mais-Tamales und Empanadas, das klare Licht und das elektrische Blau des Himmels über der 5000 Meter hohen Puna – im Nordwesten schlägt das Herz des alten Argentinien.

Im Nordwesten begegnet man noch dem alten Argentinien

»Wiege der Unabhängigkeit«, »Garten der Republik« – die Schilder am Zubringer vom Flughafen lassen erst gar keinen Zweifel zu: San Miguel de Tucumán ist eine bedeutende, eine lebensfrohe Stadt mit langer Geschichte und Charakter. Rund 500 000 Einwohner zählt der Mittelpunkt der gleichnamigen kleinsten und zugleich am dichtesten bevölkerten Provinz Argentiniens. Tucumáns riesiger Obst- und Gemüsegroßmarkt am Stadtrand, um den permanent altersschwache Lastwagen kreisen und die typischen Sulkis, einspännige bunte Fuhrwerke, ist nicht nur eines der attraktivsten Fotomotive der Region, sondern auch sichtbarer Beweis für eine beachtliche Wirtschaftskraft. Erdbeeren, Mangos, Zitrusfrüchte, Zuckerrohr – auf den fruchtbaren, von subtropischer Sonne und maßvollem Regen gleichermaßen verwöhnten Böden am Fuß der Sierra de Aconquija gedeiht einfach alles, was der Mensch sät. Aber auch kulturell und politisch pflegt Tucumán sein Profil. Mercedes Sosa, die »Stimme Südamerikas«, kam hier zur Welt; der Poet und Sänger Atahualpa Yupanqui verbrachte in den zwanziger Jahren seine Jugend in Tucumán.
Ihren größten Moment erlebte die Stadt am 9. Juli 1816, als die 29 Repräsentanten

Fruchtbare Erde findet man nur in den andinen Flußtälern wie bei Humahuaca

Ruinen der Festungsstadt von Quilmes

Kolla-Mädchen bei Humahuaca (unten)

Das traditionelle Baumaterial im Nordwesten ist Adobe. Dieser präindustrielle Zement aus gestampftem Lehm und Stroh hat sich weltweit als Baumittel in Trockenzonen bewährt. Selbst für Wohnhäuser neuesten Datums greifen argentinische Architekten bewußt auf den archaischen Rohstoff zurück – Adobe ist billig, überall verfügbar und schützt ideal vor der Hitze.

Vorspanische Kultur: Menhire bei Tafí del Valle

aller Río-de-la-Plata-Provinzen hier Argentinien zum souveränen Staat ausriefen. Den Schauplatz des historischen Ereignisses, die 1941 rekonstruierte Casa Histórica, besuchen noch heute wahre Horden von Schulkindern, Urlaubern und Rentnern aus dem ganzen Land. Mittels effektvoll hinter Orangenbäumchen postierter Lautsprecher und bonbonfarbener Strahler werden nach Sonnenuntergang beim »Espectáculo Luz y Sonido« die patriotischen Schwüre von damals in Szene gesetzt.

Wogende Zuckerrohrfelder und antiquierte Ingenios de Azúcar, Zuckerfabriken der Jahrhundertwende, säumen den Weg in die Berge. Jesuitenpadres führten

Kakteen, Fels, Wüste: die karge Schönheit der Quebrada de Humahuaca

Ein Dorf, sieben Farben: Cerro de los Sieto Colores bei Purmamarca

die bis zu fünf Meter hohen Halme des Saccharum officinarum im 18. Jahrhundert ein. Noch immer versorgt Tucumán ganz Argentinien mit dem Süßmittel. Aber nur zur Erntezeit zwischen Juli und Oktober qualmen die Schornsteine in Santa Lucía und Concepción, den Rest des Jahres scheinen die Zuckerdörfer einfach zu verschlafen.

Hellwach muß dagegen der Busfahrer sein, der sein Gefährt auf der schmalen RP 307 in abenteuerlichen Serpentinen weiter in die Sierra lenkt. Bald greifen dichter Wolkenwald, Farne, Flechten und Epiphyten wie feuchte Finger auf den Asphalt hinaus. Aber je höher der Bus klettert, um so lichter wird das Gehölz. Bis zur Ankunft in der beliebten Sommerfrische Tafí del Valle in 2100 Metern Höhe hat sich die Szenerie komplett gewandelt: nackter Fels, ockerfarbene, rissige Erde, Kandelaberkakteen, staubbedeckte Hartgräser – ein Vorgeschmack auf die Mondlandschaften der Puna.

Die 350 Kilometer lange Kette der Hochtäler zwischen Tafí und San Antonio de los Cobres besiedelten als erste die Calchaquí-Indianer. Sie wurden von den Konquistadoren »befriedet«, d. h. versklavt, verdrängt, ausgerottet. Nur wenige überlebten, weil sie sich unterwarfen. Bestes Beispiel dafür, wie gedankenlos das offizielle Argentinien bis heute mit dem indianischen Erbe umspringt, ist der fotogen oberhalb des Stausees El Mollar thronende Parque de Menhires. Die tatsächlichen Fundorte der Granitblöcke mit den bis zu 2000 Jahre alten Gravierungen lagen weit verstreut im ganzen Tal. Erst 1975 wurden die 114 stummen Zeitzeugen der Tafí-Zivilisation auf einem Hügel in praktischer Reichweite durchreisender Urlauber versammelt. »Kulturtouristen« ritzen nun Initialen in die steinernen Idole oder stürzen sie nächtens spaßeshalber einfach um.

Der Untergang der Tafí-Zivilisation

Für das Ende der Calchaquí-Indianer sorgte 1666 der Andalusier Alonso Mercado y Villacorte. Ihm und seinen Truppen mußten sich die Quilmes, der letzte kriegerische Stamm, geschlagen geben, nachdem sie sich mit Pfeil und Bogen 50 Jahre lang verteidigt hatten. »Das ganze Tal ist jetzt ruhig« meldete der Konquistador nach Lima. Die letzten 260 Sippen expedierte er in ein Reservat am Río de la Plata, wo sie entwurzelt und von Krankheiten der Alten Welt ausgelaugt sang- und klanglos zugrunde gingen.

Die Ruinen der zerstörten Festungsstadt bei Amaichá del Valle wurden 1981 rekonstruiert; »nicht unter archäologischen, sondern nur unter touristischen Gesichtspunkten«, wie die Experten klagen. »Egal«, entgegnet der prominente lokale Künstler Héctor Cruz, selbst ein Diaguita-Indio. Zu Füßen des steinernen Halbrunds am Cerro Alto del Rey richtete er eine gemütliche Hostería im präkolumbischen Design ein. »Viel zu lange galt alles Indianische als wertlos und häßlich. Entscheidend ist doch, daß wir unsere Wurzeln endlich akzeptieren.«

Bis zu 360 Sonnentage jährlich, poröse Sandböden mit hohem Mineralgehalt, ausreichend Schmelzwasser aus den

Gemüsemarkt in Tucumán, dem wirtschaftlichen und kulturellen Zentrum des Nordwestens

San Miguel de Tucumán: Der Regierungspalast beherrscht die Plaza de la Independencia

In der 500 000-Einwohner-Metropole Tucumán sind noch viele der einspännigen Sulkis unterwegs

»Salta la Linda«: Iglesia San Francisco… …und Plaza 9 de Julio (unten)

Wie in jeder argentinischen Kolonialstadt, vom Puna-Dorf bis zur Metropole, ist auch in Salta die »Plaza« der soziale Mittelpunkt schlechthin. Hier heißt sie »9 de Julio«, anderswo »San Martín«, »de Mayo« oder »de la Independencia«. Klima und Bepflanzung mögen variieren, aber das Inventar bleibt dasselbe. Kirche, Cabildo, Bank, Regierung und ein säbel-schwingender Bronze-General: So sieht der klassische Hauptplatz aus von Jujuy bis Córdoba. Rational und rechtwinklig, wie üblich in der spanischen Renaissance, orientiert sich auch das gesamte Straßenraster der Altstadt an der zentralen »Plaza« – Verirren ist ausgeschlossen.

Anden zur Bewässerung – welcher Winzer würde in Cafayate nicht auch sein Glück versuchen? Rund um das freundliche 8000-Seelen-Städtchen gedeiht seit dem 16. Jahrhundert der wohl beste und originellste Weißwein Argentiniens, der Torrontés. Die echt kreolische Rebe ist kein Direktimport aus Europa, sondern

Jujuy: Kathedrale aus dem frühen 18. Jahrhundert

eine Mutation der Malvoisie-Traube. »Único en el mundo«, wie man in den Bodegas gerne betont. An Orangenblüten und Muskat erinnere der Duft des Torrontés, schwören Kenner, sein intensives Aroma an Badenser Gewächse.

Auf abenteuerliche Abwege führt hinter Cafayate die ungeteerte Ruta 40: Durch uralte Oasendörfer, vorbei an blendend weißen Kolonialkirchlein, niedrigen, aus Lehmziegeln errichteten Gehöften mit schattigen Säulenveranden, krächzenden Papageien und stelzenden Reihern am Fluß, Johannisbrotbäumen, hölzernen Ziegengehegen und groben Steinmauern. Und dazwischen Geologie pur in der Quebrada de la Flecha, wo phantastisch gefärbte Sedimentscheiben in den wolkenlosen Himmel ragen, älter als die Anden selbst – eine Landschaft, archaisch und elementar wie aus dem Baukasten des Schöpfers.

Dann endlich ist »Salta, die Hübsche« erreicht. Mit diesem Ehrentitel zieht die 400 000 Einwohner zählende Provinzkapitale Besucher aus Argentinien und

Übersee gleichermaßen an. Rotgoldener Kolonialbarock, Palmen und Hibisken, die weiche Luft der Subtropen; Salta hat Charme, kein Zweifel. Besonders schön putzt sich Salta nach der Siesta heraus, wenn die halbe Stadt in den Straßencafés rund um die kolonnadengesäumte Plaza 9 de Julio den Abend einläutet. Ein kühles Bier und eine saftige Empanada aus dem Backofen, vielleicht ein Blick in die Zeitung oder ein Flirt am Nebentisch – für die angenehmen Seiten des Lebens haben die Salteños immer Zeit.

Aber so friedlich war es nicht immer: 1582 als wichtigste Handelsstation zwischen Lima und der Pampa gegründet, stand Salta lange im Brennpunkt blutiger Kämpfe um Argentiniens Souveränität. General Martín Miguel de Güemes und seine heroischen Gauchos hielten die Nordgrenze gegen die Royalisten. Der Freiheitsheld starb an einer spanischen Kugel, und bis heute reiten an seinem Todestag, dem 17. Juni, 2000 Gauchos aus dem Umland in leuchtend roten Ponchos am imposanten Güemes-Monument am Hausberg Cerro San Bernardo vorbei. Nicht bloß bunte Folklore, sondern echter Lokalpatriotismus steckt hinter der alljährlichen Prozession.

Junge Leute singen die alten Lieder

So wie Güemes und seine Gauchos ist auch die Musik Teil des regionalen Selbstverständnisses. Statt in der Disko amüsieren sich viele junge Salteñas und Salteños lieber in der Peña, einer kuriosen Mixtur aus Szene-Kneipe und heimatlichem Liederkreis, wie man sie nur im NOA findet. In der »Casona del Molino« etwa sitzen sie bei reichlich Rotwein und Cuba libre zusammen, um in lockeren Tischrunden die alten Lieder anzustimmen – ohne jede aufgesetzte Volkstümelei, dafür mit viel Verve. Zu Gitarre und Ziegenfelltrommel werden aus voller Kehle traurigschöne Zambas, die fröhliche Chacarera oder der wilde Malambo geschmettert, daß bis vier Uhr morgens die Wände wackeln.

Der Tag danach beginnt mit Kopfschmerz. Kater oder Apunamiento, die Höhenkrankheit? Von 1187 Meter über dem Meer in Salta schraubt sich die Schmalspurtrasse der Trans-Andenbahn auf 4475 Meter in der Puna empor. 15 Güterwaggons und ein Anhänger für Zugbegleiter und Passagiere schleppt die orangerote Diesellok hinterher. Eine Backe voll Kokablätter mit etwas Sodapulver, der obligatorische Acullico, soll die Folgen der dünnen Luft lindern. Die Landschaften des Nordwestens in ihrer ganzen Vielfalt fliegen an den verstaubten Zugfenstern vorüber: Zunächst die subtropisch grünen Niederungen am Río Rosario, dann sechs Meter hohe Baumkakteen und schließlich nur noch Steinwüste bis zum Horizont.

Mit dem »Zug in die Wolken« ans Ende der Welt

In der Puna, dieser dem Himmel so nahen Hölle, wo eine unbarmherzige Sonne tagsüber alles verbrennt und nachts bis 20 Grad unter Null herrschen, scheinen sich die Dinge in pure Farbwerte aufzulösen. Silbrigweiß gleißen die Salzseen und das Eis der fernen Gipfel, schmutzigbraun läuft der nackte Erdboden an den Gleisen entlang, weit darüber wölbt sich das blaueste Blau des Universums. Wohin fährt bloß dieser Zug? Geträumt hatten die Argentinier schon lange von der Direktverbindung über die Kordillere zum Pazifik bei Antofagasta. Als 1948 der erste Zug am Socompa-Paß auf die chilenische Grenze traf, waren 27 Jahre elender Plackerei vorüber: So viel Zeit nämlich brauchten 1500 Mann, um 875 000 Schwellen durch das Niemands-

Lamas sind in der Puna zu Hause

Erosion durch Wind und Wasser ist eines der größten Umweltprobleme im nordwestlichen Argentinien. Wo sich heute Wüste ausbreitet, standen in vorspanischer Zeit oft noch dichte Wälder. Für Plantagenbau, Eisenbahnen und Industrie wurde unbedacht abgeholzt; nun vertrocknen die Böden ohne Schutz.

Wasser ist das kostbarste Gut im Hochland

Der komfortable »Zug in die Wolken« stoppt in 4200 Meter Höhe auf dem Viadukt La Polvorilla, das sich über eine 224 Meter breite Schlucht spannt

Hoffen auf Kundschaft: Kolla-Händler… …entlang der Trasse der Andenbahn (unten)

Kandelaberkakteen im »Parque de los Cardones«

land zu verlegen, 21 Tunnel und 44 Brükken zu bauen. Um die Steigungen ohne Zahnradantrieb technisch überhaupt bewältigen zu können, mußte Ingenieur Ricardo Maury tricksen: Auf Zickzack-Weichen und sogenannten Rulos (span. »Lockenwickler«), eine Art Wendeltreppe auf Schienen, schwindelt sich der Zug im Schrittempo über die heikelsten Stellen. Abwärts transportiert die Bahn Borax, Lithium, Mangan und Blei; den umgekehrten Weg nehmen Geräte und Proviant für die Minen am Ende der Welt.
Seit 1973 gibt es den »Tren a las Nubes«, den »Zug in die Wolken«. Die komfortable Light-Version der Trans-Andenbahn verfügt über Bar, Speisewagen und Krankenstation, in der akute Anfälle von Sauerstoffmangel behandelt werden. Er befährt nur das erste Drittel der Strecke und erreicht eine Höhe von 4200 Meter. 20 Kilometer jenseits des tristen Bergarbeiternests San Antonio de los Cobres hält der Wolkenzug auf dem 64 Meter hohen Stahlviadukt La Polvorilla, um dann nach Salta zurückzukehren – endlich Entwarnung für alle Kopfwehkranken.

Auf den Spuren der Karawanen nach San Salvador de Jujuy

»Siga derecho, no más«. Für die Kollas, die Menschen in der maßlosen Puna-Landschaft, scheint nur diese eine Richtungsangabe zu existieren: »Immer geradeaus«, lautet ihre stereotype Antwort auf Fragen nach dem Weg. Damit hat sich seit der Zeit der Inkas nichts geändert in der Provinz Jujuy. Denn entweder stiegen die Karawanen aus Alto Perú nach Süden die Quebrada de Humahuaca herab, oder sie waren unterwegs nach Norden – viel mehr Möglichkeiten gab es nicht. Noch heute folgt die Ruta 9 demselben uralten Handelsweg.
San Salvador de Jujuy war im 17. Jahrhundert ein wichtiger Knotenpunkt des kolonialen Karawanenverkehrs. Die Jujueños verdingten sich als Muli- und Lama-Spediteure; auf dem Markt wurden Leder aus der Pampa, Holz aus dem Chaco sowie Silberschmuck und Werkzeug aus Lima umgeschlagen. »Tazita de Plata«, »Silbertäßchen«, war der Spitzname der Stadt früher. Viel erinnert heute nicht mehr an die alte Pracht.
Zwei verschiedene Welten tun sich nördlich der Provinzhauptstadt auf. Da gibt es die bekannten Plakat- und Postkartenidyllen wie jene von Purmamarca mit seinen siebenfarbigen Felsen, die so fotogen im Morgenlicht leuchten. Oder die Pucará von Tilcará, die etwas überrenovierten Ruinen einer Inka-Festungsstadt. Und die bunten Indio-Märkte in Humahuaca, enge Gassen mit schmukken Laternen. Aber vom harten Leben der Kolla-Bauern in den Quertälern nahe der bolivianischen Grenze erfährt man an der Hauptstraße so gut wie nichts. Nur die ernsten Gesichter der Frauen und Kinder, die in die Dörfer kommen, um mit Keramik und Wollsachen ein paar Pesos zu verdienen, verraten ein wenig von der täglichen Mühsal.

Bolivianische Marktfrau in der kolonialen Kleinstadt Tilcará

Humahuaca: Kirche La Candelaria von 1641…

…mit ihrem kostbaren vergoldeten Altar

Provinz Tucumán

Karte: Seite 113, Planquadrat B 2.
Anreise: Täglich Flüge von und nach B. A., Salta, Córdoba, Jujuy, Resistencia. Flughafen 8 km östlich. Landesweite Busverbindungen (B. A. ca. 16 Std.), Busbahnhof: Brígido Terán 350.
Unterkunft: Eine zuverlässige Adresse in der Hauptstadt ist das Drei-Sterne-Hotel »Carlos V« (25 de Mayo 330, Tel. / Fax 081/ 22 19 72). Zwar keine Spur kolonial, aber preiswert und freundlich: »Hotel Colonial« (San Martín 35, Telefon / Fax 31 15 23).
In Tafí del Valle empfiehlt sich die beinahe luxuriöse Hostería »Lunahuana« (Av. Critto 540, Tel. / Fax 08 67/ 2 13 30). Aus demselben Naturstein wie die Ruinen von Quilmes selbst wurde die Hostería »Ruinas de Quilmes« nahe Amaichá del Valle gebaut (Tel./Fax 08 92 / 2 10 75; mit Pool und kleinem Museum).
Essen: Die »Parrilla La Plaza« (San Martín 391, Tel. 22 67 74) serviert Steaks und Pasta zu vernünftigen Preisen. Die besten Empanadas, Humitas, Tamales gibt es in den günstigen Cantinas des kleinen Mercado Artesanal (24 de Septiembre 565).
Ausgehen: In der »Remolino Bailable« (Av. Benjamin Aráoz 147) werden gut tanzbare Salsa und Merengue aufgelegt; im »Bulldog« (Pasaje Tiburcio Padilla 60) eher Pop und Techno.
Einkaufen: Lokales Kunsthandwerk im Mercado Artesanal von San Miguel de Tucumán (s. o.). Amaichá del Valle ist bekannt für handgewebte Ponchos, Teppiche und Bettüberwürfe mit indianischen Mustern (3 x 4 m für ca. 200 US-$). Héctor Cruz, der auch die Hostería in Quilmes betreibt, fertigt in seiner Werkstatt (in Amaichá, neben der Tankstelle am Ortseingang) Wandbehänge und Keramik mit indianischen Mustern.
Sehenswürdigkeiten: Um die Plaza de la Independencia gruppieren sich Tucumáns wichtigste Bauten, u. a. die Casa de Gobierno im Belle-Époque-Stil, die klassizistische Kathedrale (1852), das spätkoloniale Patrizierhaus Casa Padilla (1860) und die Iglesia de San Francisco (1885) mit einem von Guaraní-Indianern geschnitzten Erzengel Michael. In der Casa de la Independencia (Congreso 155) findet das Historienspektakel »Luz y Sonido« statt (Mi – Mo, 20.30 Uhr). Einer der buntesten Märkte Südamerikas: Mercado del Abasto, Av. Gral. José M. Paz /Av. Leandro M. Alem, wochentags ab 17 Uhr.

REISE-INFO
NORDWESTEN

Der Parque de los Menhires liegt 10 km südlich von Tafí del Valle. Geführte Ausritte in die Umgebung von Tafí organisiert: Señor Otto Paz, Tel. 08 67/ 2 12 72.
Museen: Museo Folklórico (24 de Septiembre; tgl. 9.30 – 12.30, 17.30 – 20.30 Uhr, Sa abends und So morgens geschl.): Musikinstrumente, Kunsthandwerk. Casa Histórica de la Independencia (Congreso 155; Di – Fr 8.30 – 13.30, 15 – 19, Sa / So 9 – 13 Uhr): Möbel, historische Dokumente aus der Kolonialära. Casa del Obispo Colombres (Parque 9 de Julio; Mo – Fr 8 – 18, Sa / So 8 – 19 Uhr): älteste erhaltene Zuckermühle von Tucumán (1821).
Information: 24 de Septiembre 484 (an der Pl. de la Independencia), San Miguel de Tucumán, Tel. / Fax 081/ 22 21 99.

Provinz Salta

Karte: Seite 113, Planquadrat B 2.
Anreise: Mehrfach tgl. Flüge von und nach B. A., Tucumán, Jujuy. Busse in alle Richtungen. Flughafen: 10 km südwestl. Busterminal Salta: Av. Hipólito Yrigoyen s / n.
Unterkunft: »Hotel Salta« (Buenos Aires 1, Tel. 087/ 21 13 15, Fax 21 10 11): Traditionshotel an der Plaza im neokolonialen Look. Zentral, passabel: Hotel »Italia« (Alberdi 231, Tel. 21 40 50). Im Villenvorort San Lorenzo (12 km): Hostal »Selva Montaña« (Tel. / Fax 92 14 33; ruhig, am tropischen Bergwald gelegen, nicht zu teuer. Das schönste Hotel in den Calchaquí-Tälern: »Casa de Isasmendi« (Molinos, Tel. 08 68 / 9 11 11, in Salta: Tel. / Fax 087/ 31 17 71): ehem. Wohnhaus (18. Jh.) mit idyllischem Patio, offenen Kaminen.
Essen: »Restaurante Santana« (Mendoza 208, Tel. 32 09 41): abwechslungsreiche Fleischgerichte mit französisch-spanischem Touch. »La Posada« (Mitre 27, an der Plaza): populäre Parrilla, preiswert.
Ausgehen: »La Casona del Molino« (Luis Burela 1, Ecke Caseros 2500; Tel. 31 60 79): die beste Peña der Stadt. Bekannter, aber auch mehr auf den Touristengeschmack ausgerichtet: »Peña Gauchos de Güemes« (Av. Uruguay 750, Tel. 21 84 00) und »Boliche Balderrama« (Av. San Martín 1126, Tel. 21 09 15).
Shopping: Mercado Artesanal (Casa El Alto Molino, San Martín 2555): gutes Kunsthandwerk aus allen Nordwest-Provinzen. Tiwanaku (Caseros 424): Schmuck, Keramik, Strick- und Webwaren, Hängematten u. ä. Tienda El Gaucho (Ituzaingó 296): »Gaucho-Zubehör«.
Sehenswürdigkeiten: Zu den schönsten Kirchen zählen: Die neobarocke Kathedrale (1858, an der Plaza 9 de Julio) mit dem Grabmal von General Güemes und die rotgoldene Iglesia San Francisco (Ecke Caseros / Córdoba) mit 70 m hohem Glockenturm. Sehenswert auch die kuppelgekrönte Iglesia La Candelaria (Alberdi / San Juan). Direkt an der Plaza fällt der südspanische Holzbalkon des Palacio Arzobispal (1855) auf, die Südfront des Platzes ziert das merkwürdig asymmetrische Cabildo (1582 begonnen, 1783 rekonstruiert) mit seinen 29 Rundbögen auf zwei Stockwerken. In der Fußgängerzone Florida (Ecke Caseros) erhebt sich die koloniale Casa Leguizamón (1810). Besonders vormittags lohnt sich der Besuch der lebhaften Markthalle (Ituzaingó / San Martín). Den besten Blick über Salta und das Valle de Lerma verspricht die Aussichtsterrasse am Hausberg Cerro San Bernardo (1445 m); die Seilbahn ab Parque San Martín fährt tgl. 15.30 – 19.30, Sa / So auch 11 – 13 Uhr. Das Güemes-Monument steht unterhalb des Berghanges, am Ostende der Av. de Güemes.
In Cafayate gehört ein Besuch der Bodegas mit Weinprobe zum »Pflichtprogramm«: Bodega Etchart oder Bodega Michel Torino, beide an der Ruta 40 in Richtung Tucumán; Führungen werktags von 8.30 – 12 und 15 – 18 Uhr.
Museen: Casa Arias Rengel (Museo de Bellas Artes; Florida 20, Mo – Sa 9 – 13, 17 – 21, So 9 – 13 Uhr): moderne argentinische Kunst in herrlichem Kolonialbau (19. Jh.). Casa Hernández (Florida /Alvarado, Di – Sa 9 – 12, 16 – 20 Uhr): Sammlung zur Stadtgeschichte in einem Patrizierhaus des frühen 19. Jh.

Die »Teufelsschlucht« liegt bei Cafayate

Handwerk zum Zuschauen im Mercado Artesanal von Amaichá del Valle

Museo Histórico (Cabildo, Plaza 9 de Julio, Di–Fr 9.30–13, 15.30–19, Sa/So 9.30–19 Uhr): Exponate zur Geschichte Saltas, schöner Patio. Casa Uriburu (Caseros 417, Di–Fr 9.30–13.30, 15.30–19, Sa/So 9.30 bis 13.30 Uhr): Möbel, Gegenstände des kolonialzeitlichen Alltags.
Museo Antropológico (Ejército del Norte/Polo Sur, Di–Fr 8.30–12.30, 14 bis 18.30, Sa 9–13, So 10–13 Uhr): interessante Sammlung präkolumbischer Kunst, Tonwaren, Schmuck. Museo Arqueológico (in Cachi an der Plaza Cacique Juan Calchaquí s/n; Mo–Fr 8–19, Sa 10–14, So 10–13 Uhr): Petroglyphen, schwarze Keramik, Mumien.
Estancias: »Finca El Bordo de las Lanzas« (60 km nordöstl. von Salta, Tel. 90 30 70): Herrenhaus aus dem 17. Jh. Ausritte, Wanderungen. »El Manantial« (bei La Silleta, Tel. 31 02 18, 20 km südl. von Salta): fast luxuriös, gute Lage, Pool, feine Küche.
Tren a las Nubes: Der Touristenzug verkehrt jeweils von April–Oktober; Fahrtbeginn 7 Uhr, Rückkehr 22 Uhr. Die Tickets à 95 US-$ sind oft wochenlang im voraus ausverkauft. Reservierung über »La Veloz Turismo« (Caseros 400, Tel. 087/31 10 10, Fax 31 11 14) oder bei Reisebüros in ganz Argentinien. Der Frachtzug bis zur chilenischen Grenze fährt ganzjährig ab Salta (Mi, 7 Uhr) und kehrt freitags um 18 Uhr zurück. Stundenlange Verspätungen sind die Regel. Der Trip im unbeheizten Waggon ist zwar einmalig, aber nur etwas für Abenteurer. Auch Busse fahren ab Salta in die Puna, z. B. nach San Antonio de los Cobres.
Eine interessante Alternative: Die Deutschen Heike und Frank Neumann fahren jeweils samstags in ihrem luxuriös umgebauten Panorama-Mercedes-Lkw »MoviTrack« über San Antonio de los Cobres und die Quebrada de Humahuaca zurück nach Salta – eine 15stündige Tour de Force, die ihr Geld (95 US-$) wert ist. Info im Hostal »Selva Montaña« (s. o.) oder in B. A. bei »Kraft Travel Service« (Lamarca 343, Martínez, Tel./Fax 7 93 40 62).
Nationalparks: Imposant ist das 70 000 Hektar große Meer aus Kandelaberkakteen im Parque Los Cardones zwischen Salta und Cachi an der Ruta 33. Das zweite Gesicht Saltas sind die Urwälder der Yungas im Osten der Provinz. Die Kapuzineräffchen, Tukane und Jaguare im kaum zugänglichen Nationalpark Baritú kann man jedoch nur nach einem langen Umweg über Bolivien besuchen. Auch der Parque Finca El Rey (ca. 200 km östlich von Salta) ist sehr abgelegen.
Information: Buenos Aires 93, Salta, Tel. 087/31 07 16, Fax 31 12 23.

Provinz Jujuy

Karte: Seite 113, Planquadrat A 2.
Anreise: Tägliche Flüge ab B. A., Busse u. a. nach Salta, Tucumán, Córdoba.
Unterkunft: »Jujuy Palace« (Belgrano 1060, Tel./Fax 08 82/3 04 33): komfortabel und zentral in San Salvador de Jujuy. »Belgrano« (Belgrano 627, Tel. 3 03 93): freundliches Billighotel.
Essen: Im Obergeschoß des Mercado Central (Ecke Alvear/Balcarce) werden preiswerte NOA-Spezialitäten aufgetischt.
Sehenswürdigkeiten: Die Kathedrale (Plaza Belgrano, 1763) besitzt eine vergoldete spanische Barockkanzel aus dem frühen 18. Jh. Im alten Cabildo (1864) residiert heute die Polizei; das angeschlossene Kriminalmuseum (Mo–Fr 10–13, 15 bis 20 Uhr) zeigt allerhand Makabres und Skurriles. In der kolonialen Casa Lavalle (auch Museo Provincial, 9–13, 15–20 Uhr; Lavalle 250) wurde General Lavalle 1841 erschossen.
10 km nördlich von San Salvador de Jujuy sprudeln im Tal des Río Reyes in 1700 m Höhe heiße Quellen (28–58 Grad); das entspannende Freiluft-Becken des Hotels »Termas de Reyes« (Tel. 3 55 00) steht auch Tagesbesuchern offen.
Die Attraktionen der Quebrada von Humahuaca sind neben den farbigen Felsformationen die Kolonialkirchen (17. Jh.) in Purmamarca und Uquía sowie die vorspanische Festungsstadt in Tilcara. Indio-Märkte finden in allen Dörfern am Wochenende statt.
Nationalpark: Parque Calilegua (Libertador General San Martín, Ruta 34, Tel. 08 86/2 20 46): dichter Regen- und Wolkenwald. Relativ einfache Anfahrt über Libertador General Martín, Campingplatz; nach Voranmeldung Touren mit den Rangern.
Information: Belgrano 690, San Salvador de Jujuy, Tel./Fax 08 82/2 45 04.

Wohnen wie die Estancieros: Finca El Bordo de las Lanzas, 45 Autominuten nordöstlich von Salta

Junger Ziegenhirte im Valle de Calchaquíes

Lunchtime im »Zug in die Wolken«

Faszinierende geologische Formationen in der Sierra de Humahuaca

Beliebtes Souvenir: Wollponcho aus Amaichá

Der Begriff »Puna« stammt aus der Quechua-Sprache und bedeutet »unbewohnte Wüste«. Mit einer mittleren Höhe von 4500 Meter erstreckt sich diese Landschaft der Extreme vom Titicacasee in Peru bis über Bolivien nach Chile und Catamarca in Argentinien. Auf rund 1200 Kilometern von Norden nach Süden stehen hier die gewaltigsten Vulkankegel der Erde.

Farbenreich ist die Felslandschaft bei Purmamarca

NORDOSTEN Mesopotamia: feuchte Welt der Tropen

Zweistromland – Mesopotamia – nennt sich der Nordosten Argentiniens zwischen Río Paraná und Río Uruguay. Diese feucht-heiße Welt bietet eines der imposantesten Naturschauspiele Südamerikas: die Wasserfälle von Iguazú (Foto). Die Jesuiten erschlossen diesen Teil des Landes. Ihre Missionen, in denen sie friedlich mit den Indianern zusammenlebten, hat inzwischen der Urwald überwuchert.

Schlecht laufen die Geschäfte in Puerto Iguazú: im Nachbarstaat Paraguay ist vieles billiger

Ausflug zur größten Kaskade am »Teufelsschlund«

Boote bringen Touristen bis an die Wasserfälle von Iguazú

Blick von der brasilianischen Seite auf die 275 Kaskaden (unten)

Bis ins 20. Jahrhundert wurden die Provinzen im argentinischen »Mesopotamia« als Außenposten der Zivilisation betrachtet. Río Paraná und Río Uruguay mit ihrem riesigen Netz aus Nebenarmen, Lagunen und Sümpfen machten die Region zu einer Halbinsel mitten auf dem Kontinent. Brücken und Flußtunnel verbinden erst seit kurzem die Ufer der Ströme miteinander.

Man schreibt das Jahr 1541. Don Alvar Núñez Cabeza de Vaca ist alles andere als begeistert. Schließlich will der Bevollmächtigte der spanischen Krone nur eines – den schnellsten Weg von der brasilianischen Küste nach Asunción finden, direkt ins Herz des frühkolonialen Südamerika.
Und dann so etwas: Der träge fließende Río Iguazú, auf dem die Kanu-Expedition eben noch so bequem vorankam, spielt plötzlich verrückt. Gerade noch rechtzeitig retten sich die Reisenden ans Ufer. Auf einer Breite von 2700 Meter stürzen Wassermassen 72 Meter in die Tiefe. Im

Ausritt im subtropischen Misiones

Papaya – frisch vom Baum

Donnern von 275 Kaskaden verstehen die Spanier kaum noch ihr eigenes Wort. Zwischen Regenbögen und Gischtwolken verlieren selbst indianische Führer die Orientierung.
Durch wuchernden Urwald und über glitschigen Fels schleppen die Männer Boote und Ausrüstung mühsam abwärts. Als die Truppe sich von den Strapazen erholt hat, diktiert Cabeza de Vaca seinem Schreiber: Ein lästiges Verkehrshindernis seien die Fälle, und daher auf künftigen Reisen zu meiden.
Viereinhalb Jahrhunderte später: Was die Conquistadores als nutzlos, ja störend erachteten, hat sich inzwischen zur nie versiegenden Geldquelle im Dreiländereck zwischen Argentinien, Brasilien und Paraguay gemausert. Vier bis fünf Millionen Besucher aus aller Welt zieht das grandiose Naturspektakel jedes Jahr an.

»Aber wo gehobelt wird, fallen Späne«, bedauert Julio César, seit fünf Jahren Ranger im Nationalpark Cataratas del Iguazú. »Jedes Mehr an Infrastruktur bedeutet auch ein Mehr an Umweltbelastung.« Allein über Ostern, wenn bis zu 8000 Menschen täglich die Fälle sehen wollen, hinterlassen die Besucher zwei Sattelschlepper Abfälle im Gelände.
Noch mehr als die Müllflut ärgern Julio César allerdings die Helikopter der Brasilianer. In Stoßzeiten startet alle sieben Minuten einer, bloß damit Touristen aus Texas oder São Paulo für 50 Dollar pro Kopf zu Hause mit ihren »Luftbildern« renommieren können. »So tief fliegen die, daß der Luftdruck der Rotoren Vogelnester aus den Bäumen reißt«, schimpft der Wildhüter, machtlos gegen die skrupellosen Profiteure auf der anderen Seite der Grenze.

Ein Werk der Götter: die Wasserfälle von Iguazú

Allem Kommerz und Trubel zum Trotz: Wer früh aufsteht oder vielleicht einen regnerischen Tag außerhalb der Hochsaison erwischt, der hat Iguazú – was in der Sprache der Guaraní-Indianer »Große Wasser« bedeutet – noch fast für sich alleine. Mindestens zwei Übernachtungen sollte man dazu einplanen: Einen Tag, um auf der argentinischen Seite hautnah Dschungel und Sprühnebel zu spüren; einen Tag, um von der brasilianischen Seite das großartige Gesamtpanorama zu genießen. »Poor Niagara!«, arme Niagarafälle, schrieb Eleanor Roosevelt, die Gattin des früheren US-Präsidenten, kurz und bündig ins Gästebuch des alten Hotels, in dem nun das Centro de Informes residiert.
Die schönsten Wasserfälle der Welt sind nach der Guaraní-Legende das Werk des eifersüchtigen Gottes Mboi: Die Häuptlingstochter Naipú, in die sich dieser verliebt hatte, hatte es vorgezogen, mit einem Sterblichen zu fliehen. Um die Liebenden im Einbaum aufzuhalten, riß der zürnende Mboi Fluß und Reisende in die Tiefe.
Der geologisch verbürgte Ursprung dieses Naturwunders liegt dagegen im Vulkanismus: Südbrasilien überzieht eine hunderte Meter dicke Lavaschicht, die vor 120 Millionen Jahren zu rötlichem Basalt erstarrte. Wo diese Versiegelung abrupt endet, kurz vor der Mündung des Río Iguazú in den Paraná, schießen nun

pro Sekunde durchschnittlich 1800 Kubikmeter Wasser über die Felskanten. An den zerklüfteten Abstürzen hat sich ein spektakuläres Labyrinth aus Inselchen und Kanälen gebildet; an seiner U-förmigen schmalsten Stelle, der »Teufelskehle«, der Garganta del Diablo, zwängt sich der zuvor gut einen Kilometer breite Fluß wild schäumend durch einen kaum 200 Meter engen Canyon – stets flankiert von der sattgrünen Flora der Subtropen.

In den Regenwäldern, von denen auf argentinischer Seite 55 000 Hektar und auf brasilianischer Seite 180 000 Hektar unter Schutz stehen, erlebt mancher Wohnzimmergärtner aus Europa sein Déjà-vu: Gut 2000 Begonien-, Farn-, Orchideen- und Epiphytenarten sind hier zu Hause, darunter das Philodendron mit seinen Riesenblättern. Ebenso vielgesichtig präsentiert sich die Fauna: Um etwa die Ruß-Segler zu beobachten, die heimlichen Wappentiere von Iguazú, muß man nur von der Aussichtsplattform oberhalb der Garganta del Diablo steil nach unten blicken. Als seien sie lebensmüde, lassen sich die schwalbenähnlichen Vögel bei Tempo 100 in den tosenden Abgrund fallen, immer auf der Suche nach Insekten, die sie im Flug erbeuten. So sehr haben sie sich an das Leben an den Kaskaden gewöhnt, daß sie ihre Nester in Felsvorsprünge hinter den flüssigen Vorhängen bauen.

Leben zwischen den Kaskaden: Flora und Fauna der Tropen

Oft zu sehen sind auch Schwärme bunter Papageien, schwirrende Kolibris und Tukane mit bizarren Riesenschnäbeln. Schmetterlinge in allen Farben, etwa der zehn Zentimeter große, blau irisierende Morpho, flattern zu Tausenden über Fußwegen und Pfützen, wo sie Mineralstoffe aus dem Boden saugen. Säugetiere wie Jaguar, Aguti, Tapir und Brüllaffe verbergen sich dagegen meist im tiefen Unterholz. Nur die possierlichen Coati-Nasenbären haben nichts gegen Touristen; auf der brasilianischen Seite plündern sie ungeniert Abfalleimer und fressen aus der Hand.

Drei Länder Südamerikas an einem Tag – der kleine Grenzverkehr macht es möglich. Bereits vom Mirador an der Avenida Tres Fronteras im argentinischen Puerto Iguazú, einem stillen Städtchen, sieht man hinüber nach Brasilien, nördlich des Río Iguazú, und nach Paraguay, westlich

Weder zu übersehen noch zu überhören: Tukan… …und Brüllaffe (unten)

Obwohl das Tierparadies der Esteros de Iberá keinen Zufluß hat, trocknet es niemals vollkommen aus. Wie Eisberge auf dem Nordmeer treiben zahllose Inseln auf den Wasserflächen. Nach längerer Trockenheit wachsen diese pilzförmig aus dem Naß heraus und schützen durch ihre vergrößerte Oberfläche die Lagunen vor der Sonne und somit vor der Verdunstung.

1,9 Millionen Hektar Feuchtbiotop: die Esteros de Iberá zwischen Corrientes und Posadas

Die Wasserschweine gehören zur Familie der Riesennager und sind in Südamerika weit verbreitet

Fischerhütte an der Mündung des Río Paraguay in den Paraná

des Paraná gelegen. Während der teure Peso die Shoppingmeilen von Puerto Iguazú seit Jahren lahmlegt, freuen sich die Kaufleute in den Nachbarstädten über ein florierendes Geschäft. Im brasilianischen Foz do Iguaçu erleben Hotels und Kasinos einen wahren Boom, denn aufgrund niedrigerer Personalkosten können die Hoteliers dort zum gleichen Preis

Nasenbären fressen sogar aus der Hand

mehr Service als in Argentinien bieten. Daß jenseits des Puente Internacional aber auch Prostitution und Kriminalität blühen, bleibt Tagesausflüglern meist verborgen – für viel mehr als die Samba-Show am Abend bleibt keine Zeit. Als »Latino-Hongkong« gilt Ciudad del Este, das bis 1989 nach dem paraguayischen Diktator Puerto Stroessner hieß. Ob gefälschte Rolex-Uhren, geschmuggelte Computer, gefärbtes Wasser in Chanel-Flakons, Kinderpornos, Marihuana, eine Magnum samt Killer – es gibt kaum etwas, was in den Straßen des schmuddeligen Nests für Geld nicht zu bekommen wäre. Allzu strenge Zollkontrollen muß niemand fürchten, geht es doch um ein Multi-Milliarden-Dollar-Geschäft.

Mate: Argentiniens Nationalgetränk

Was ist heiß, grün und bitter? Was brauchen echte Argentinier wie die Luft zum Atmen? Natürlich – die Rede ist von Mate, dem populärsten, gesündesten und demokratischsten Getränk aller Río-de-la-Plata-Staaten. Der Grundstoff dazu, der bis zu zehn Meter hohe Strauch Yerba Mate, gedeiht in den Wäldern der Provinz Misiones und im paraguayischen Chaco. Wo immer mehr als zwei Einheimische beisammenstehen, kreist das obligate Mategefäß, entweder aus Kuhhorn, Holz, Kalebasse oder purem Silber gearbeitet. Mit heißem Wasser wird darin das Matepulver aus gerösteten Blättern und Zweigen der Pflanze aufgegossen. Anschließend trinkt man den Sud durch die Bombilla, ein silbernes Saugröhrchen mit Siebeinsatz.

Mate enthält Koffein und Vitamine, wirkt verdauungsfördernd und stillt Hungergefühle – ein richtiges Allheilmittel. Außerdem tragen die Rituale des Matear, des Mate-Trinkens, zum sozialen Frieden bei: Vor der Kalebasse sind alle gleich, Peón und Patrón, Bankdirektor und Laufbursche, General und Soldat, selbst Mann und Frau. Sogar Auswärtige dürfen sich integriert fühlen, sofern sie die Grundregeln beachten: Jeder in der Runde trinkt, bis der Mate leer ist. Dann füllt der Eigner des Gefäßes – und nur der – nach und gibt es an den nächsten in der Reihe weiter. Wer genug hat, sagt schlicht gracias, aber niemals schon beim ersten Mal. Die schwersten Verfehlungen: Die Bombilla anfassen, damit umrühren, das Mundstück abwischen oder gar hineinpusten.

Reduktionen – »Ur-Kibbuze« der Jesuiten

»Jesuitentee« hieß Mate früher, denn die Patres waren die ersten, die den Strauch kultivierten. Der von dem Basken Ignatius von Loyola 1534 gestiftete Orden der »Gesellschaft Jesu« prägte das koloniale Südamerika entscheidend und vermochte der Conquista einige humane Züge zu verleihen. Vor allem in Paraguay und in der heutigen Provinz Misiones gründeten ihre Abgesandten zahlreiche reformkatholische Siedlungen, die sogenannten Reduktionen. Im Gegensatz zum offiziellen Spanien waren die gelehrten Jesuiten überzeugt vom Menschenrecht der Indianer. Zwar wollten auch sie die christliche Heilslehre verbreiten, aber ohne dabei die Guaraníes zu unterdrücken. In den Missionen lebten Patres und Indianer friedlich zusammen, bestellten gemeinsam die Felder, beteten miteinander und versuchten, voneinander zu lernen.

Diese Art Ur-Kibbuz blieb der Krone freilich immer suspekt. Carlos III. vertrieb die Jesuiten schließlich 1767. Die unbeque-

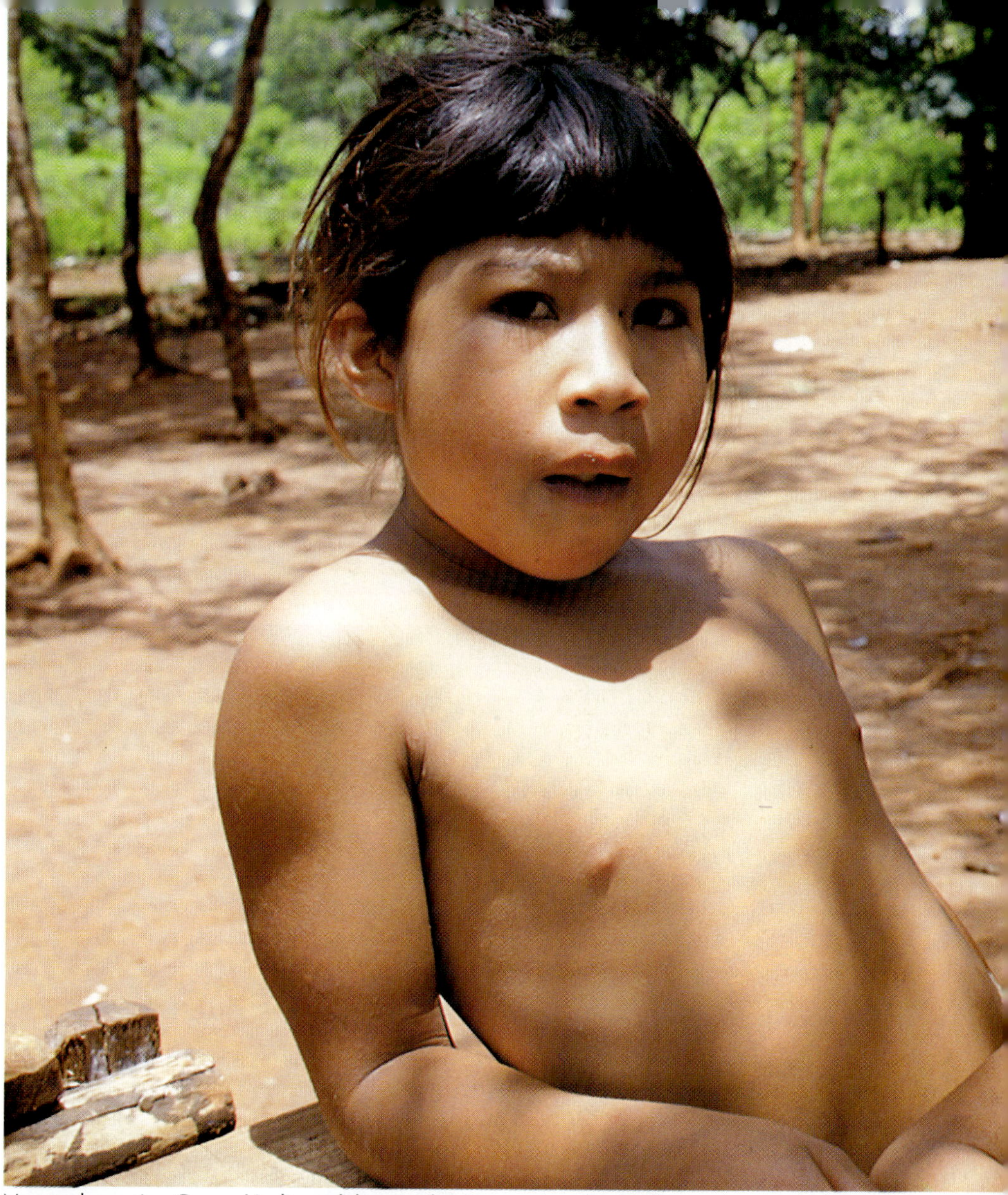

Nur noch wenige Guaraní-Indianer leben in den Reservaten des heißen und regenreichen Chaco

Gummibäume überwuchern Santa Ana

Jesuitenmission San Ignacio Miní: Kirche…

…und Überreste des Kreuzganges von 1724

men Ordensbrüder wurden in Ketten nach Europa verfrachtet, die Reduktionen verfielen. Nur 3000 Guaraníes leben heute noch in armseligen Reservaten; die früher so dichten Wälder fielen weitgehend Monokulturen und Papierfabriken zum Opfer.
Innerhalb weniger Stunden durchmißt man auf der Ruta 12 den schmalen Nordost-Korridor, den die Provinz Misiones bildet. Zwischen Puerto Iguazú und der im Sommer brütend heißen Provinzkapitale Posadas sind die Relikte der Jesuiten nur ein paar Kilometer abseits der Hauptstraße zu finden: Mitten im Wald liegen die Ruinen der Jesuiten-Reduktionen Santa Ana, Loreto und San Ignacio Miní. Obwohl von Kirche, Werkstätten, Schulen und Gemeinschaftsräumen nur Fassadenteile erhalten sind, künden die Sandsteinmauern zwischen roter Erde und grünem Blätterdach von der einstigen Größe. Die europäisch-barocken Formen sind überzogen von Tier- und Blumenornamenten der Guaraní-Steinmetzen – Ausdruck einer kulturellen Symbiose, der keine Zukunft vergönnt war.

Tropisches Marschland: Gran Chaco

Auch in den Gran Chaco drangen die Jesuiten vor, das tropische Gegenstück zu Patagonien: Flach, so weit das Auge blickt, regenreich, kaum besiedelt, elend heiß. Marschland, ohne natürliches Gefälle beliebig mäandernde Flüsse, Galeriewälder und einzeln stehende Caranday-Palmen, Jacarandá-, Lapacho- und Quebrachobäume prägen die Szenerie. Holzfäller waren die ersten, die sich nach der Vertreibung der Jesuiten hier ansiedelten. Besonders der extrem harte Quebracho, der »Axtbrecher«, brachte gute Profite, denn das Tannin aus seiner Borke fand beim Gerben Verwendung. Auf den abgeholzten Arealen bauen die Chaqueños nun Baumwolle an.
Allen Zähmungsversuchen standgehalten hat dagegen bisher El Impenetrable, der »undurchdringbare« Chaco an der Provinzgrenze zu Formosa. Dort bleiben Toba- und Wichi-Indianer noch unter sich; ihr nicht einmal komplett kartographiertes Land teilen sie nur mit Pumas, Piranhas und Papageien. Erstaunlich genug, daß Resistencia, die Kapitale des »wilden« Chaco, sich so betont kultiviert gibt: Moderne Holzskulpturen säumen die sauberen Straßen und Plätze; in

3500 Guaraníes und europäische Ordensbrüder lebten in der Jesuitenmission San Ignacio friedlich zusammen. Insgesamt 30 solcher Siedlungen wurden ab 1607 im Dreiländereck zwischen Argentinien, Brasilien und Paraguay betrieben. Die Indianer kultivierten Mais, Tomaten und Süßkartoffeln zum Eigenverbrauch sowie Mate, Tabak und Baumwolle für den Handel. Spanische und deutsche Priester sorgten zwar für ein streng geregeltes, aber doch menschliches Miteinander. Auf eindringliche Weise thematisiert der 1984 in Iguazú gedrehte Film »The Mission« mit Robert De Niro und Jeremy Irons die Vernichtung der Reduktionen durch spanische Truppen.

Provinz Misiones: Guaraníes sind Meister im Holzschnitzen

Jesuiten-Reduktion Santa Ana: Der Urwald holt sich sein Terrain zurück

angenehmen Confiterías und Cafés läßt sich die Siesta gut verbummeln.

Der wahre Reichtum des Nordostens ist das Wasser des Río Paraná, der Hauptschlagader Argentiniens. Mesopotamia, »Zweistromland«, lautet der Beiname der Provinzen zwischen Río Paraná und Río Uruguay. Nur das Amazonassystem ist noch gewaltiger als dieses mehr als 2000 Nebenarme umfassende Netz, das im 60 Kilometer breiten Río de la Plata in den Atlantik mündet. Mammutprojekte sollen das Energiepotential nutzen: Nach dem Riesen-Wasserkraftwerk von Itaipú geht nun am Stausee von Yacyretá eine weitere gigantische Stromfabrik ans Netz.

Stadt der Skulpturen: Resistencia

Für das Yacyretá-Kraftwerk wurden 1600 Quadratkilometer überflutet – ein katastrophaler Eingriff in den natürlichen Wasserhaushalt, wie die Öko-Aktivisten ebenso wie die Sportfischer im Angler-Dorado Paso de la Patria beklagen.

Nur wenig südlich des gigantischen Stauwerkes dehnt sich eines der letzten unberührten Feuchtgebiete im Herzen Südamerikas aus: Die 19 000 Quadratkilometer großen Esteros de Iberá, ein früherer Ableger des Paraná, der sich irgendwann einfach abnabelte. Der amphibische Irrgarten aus schwimmenden Inseln, Victoria-Regia-Riesenseerosen, natürlichen

Der Parque Mitre in Corrientes, wo Graham Greenes Roman »Der Honorarkonsul« spielt

Das Projekt »Hidrovía« soll die Flußhäfen am Paraná – wie hier in Corrientes – aufwerten

Treffpunkt Costanera: Abendstimmung am großen Strom in Corrientes

Nicht allein das Klima des Nordostens ist tropisch eingefärbt, auch die Lebensart der Correntinos weckt Gedanken an das nahe Brasilien. An den heißesten Wochenenden des »Carnaval« lassen bis zu 100 000 Tänzer und Musiker die Hauptstadt am Río Paraná im Samba-Rhythmus erbeben. Am wildesten gefeiert wird freilich im Grenzort Paso de los Libres – liegen hier doch »nur« noch 30 Busstunden zwischen Argentinien und der Copacabana…

Fußgängerzone Calle Córdoba in der Millionenstadt Rosario am Paraná

Schüler in Resistencia, dem Tor zum Chaco

Kanälen und sumpfigen Weiden beheimatet 350 Vogel-, 80 Säugetier- und 45 Reptilienarten. Fotosafaris in das schwer zugängliche Gebiet zählen zu den Höhepunkten jeder Argentinien-Rundreise.
Ein Sommerabend am großen Strom in Corrientes: Die feuchte Luft steht bleischwer in den Straßen, bis Sonnenuntergang bleiben die Fensterläden dicht geschlossen. Winzige Moskitos machen wieder einmal reiche Beute. Alles was laufen kann, versammelt sich auf der Flußpromenade, um wenigstens die Ahnung einer sanften Brise zu erhaschen. Am Strand entsteigen noch ein paar Badegäste den Fluten, während die Kellner in den Terrassenlokalen schon die Tische für das Abendessen decken.
Ähnlich relaxt wie in der Provinzhauptstadt spielt sich das Leben überall in Mesopotamias Städten ab. Alle liegen sie direkt am Fluß, der vormals einzigen Verbindung zur Außenwelt, und überall führt eine Brücke oder ein Tunnel hinüber in eine Zwillingsstadt am anderen Ufer. Dahinter liegt menschenleeres Estancia-Land in den Provinzen Santa Fé und Entre Ríos, Reisfelder und Lagunen in Corrientes. Derart triefend naß ist die Erde im Nordosten, daß die Gauchos dort barfuß arbeiten – so viel Wasser hält auf Dauer kein Stiefel aus.

Die Zähmung der Wildnis steht bevor

Geht es jedoch nach den Strategen des Mercosur-Verbundes, des neuen südamerikanischen Wirtschaftsbündnisses, dann erlebt die Wildnis der großen Ströme bis zum Jahr 2025 wohl ihre endgültige Zähmung – und zwar grenzüberschreitend. Damit Soja, Baumwolle und Erze vom brasilianischen Mato Grosso direkt in die Häfen von Buenos Aires und Montevideo verschifft werden können, soll die 3400 Kilometer lange Hidrovía Paraná–Paraguay, eine Art südamerikanischer Rhein-Main-Donau-Kanal, ausgebaggert und freigesprengt werden. Bei Investoren aus Japan und USA herrscht Goldgräberstimmung; im Hinterland der Flüsse sollen Industriegebiete, monotone Soja- und Weizenfelder entstehen. Ökonomisch »nutzlosen« Feuchtgebieten wie den Esteros de Iberá und dem brasilianischen Pantanal drohen dagegen Austrocknung und Verödung. Freie Fahrt für die freie Wirtschaft – Señor Cabeza de Vaca wäre zufrieden gewesen…

Provinz Misiones

Karte: Seite 113, Planquadrat B 4.
Anreise: Flüge ab B. A. nach Puerto Iguazú und Posadas. Busse in alle Richtungen, von Puerto Iguazú auch nach Ciudad del Este und Foz do Iguaçu.
Unterkunft: Den Kaiserblick auf die Fälle von Iguazú bietet das moderne Fünf-Sterne-Resort »Internacional« (Tel. 07 57/ 2 16 00, Fax 2 03 11). Architektonisch ansprechender: »Hotel das Cataratas« (auf der brasilianischen Seite, Tel. 00 55 / 455 / 23 22 66, Fax 5 74 16 88). Empfehlenswert in Puerto Iguazú: das preiswerte »Saint George« (Córdoba 148, Tel. 2 06 33, Fax 2 06 51). Eine solide Adresse in Posadas: »Hotel Posadas« (Bolívar 1949, Tel. 07 52 / 3 58 33, Fax 3 02 94).
Essen, Ausgehen: Die Parrilla neben dem Centro de Informes im Nationalpark ist gut und günstig. Rustikal, freundlich in Puerto Iguazú: »La Rueda« (Av. Córdoba 28) und »Charo« (Córdoba 106). Samba-Shows à la Copacabana z. B. im »Plaza Foz« (BR 277, Km 726, Tel. 00 55 / 455 / 73 43 70). »La Querencia« (Bolívar 322, Tel. 3 71 17): Steak-Tempel in Posadas.
Sehenswürdigkeiten: Puerto Iguazú: Zwischen Busterminal, Centro de Informes und Puerto Canoas verkehren von 6.40–19.25 Uhr Busse der Firma »El Práctico«. Eintritt in den Nationalpark: 3 $. Vom Centro de Informes führen zwei Panoramawege auf der argentinischen Seite der Katarakte durch den Park: Circuito Superior (1 km) und Circuito Inferior (1,2 km). Der zweite, untere Pfad reicht über rutschige Stufen bis ans Ufer, wo ein kostenloser Bootsservice zur Isla San Martín (Badestrand, Rundblick) pendelt. In Puerto Canoas, 6 km flußaufwärts, legen Boote (4 $) ab zur Stegpassage an der grandiosen Garganta del Diablo.
Zur Aussichtsterrasse auf der brasilianischen Seite fahren Busse ab Puerto Iguazú. Auf dem Weg liegt der »Parque das Aves«, ein Vogelzoo mit (fast) natürlichen Volieren. Um die Fälle zu Fuß kennenzulernen, sind die Touren örtlicher Reisebüros nicht unbedingt nötig. Wer aber den kontrollierten Thrill sucht, liegt mit der fünfstündigen »Gran Aventura« richtig: Rafting auf dem oberen Río Iguazú, Schlauchbootsafari, Isla San Martín und Circuito Superior – für 30 $ bei »Jungle Explorer« (»Hotel Internacional«, Tel. 2 02 95).
Etwas abseits des großen Rummels: Der Urwaldpfad Sendero Macuco (4 km einfach), beginnend 400 m vom Centro de

REISE-INFO NORDOSTEN

Informes. Ökologisch orientierte Wanderungen mit Ex-Park-Ranger Daniel Somay (Av. Victoria Aguirre 214, Puerto Iguazú, Tel. / Fax 2 19 22).
Jesuiten-Ruinen: Santa Ana (1633 gegründet), an Km 43 der Ruta 12, 1 km abseits der Hauptstraße. Loreto (1632), an Km 48, ca. 2 km zu Fuß von der Hauptstraße. San Ignacio Miní (1632), 56 km östl. von Posadas, ständige Busverbindungen ins Dorf San Ignacio (einfache touristische Infrastruktur). Tgl. 7.30 –13, 15.30 –19 Uhr.
Posadas: Im Zentrum liegt die Plaza 9 de Julio mit dem Regierungspalast (1883). Das Museo de Ciencias Naturales e Históricas (San Luis/Córdoba; Di – Fr 8 bis 13, 15 –19 Uhr) zeigt ein Schlangenhaus, Mineralien, Dokumente zu den Jesuiten-Siedlungen. Busverbindung ins paraguayische Shopping-Dorado Encarnación.
Information: Alvear 2066, Posadas, Tel. 07 52 / 2 50 15, Fax 2 36 99.

Corrientes

Karte: Seite 113, Planquadrat B 3.
Anreise: Flüge ab B. A., Busse nach Resistencia, Pt. Iguazú, Mercedes, Santa Fé u. a.
Unterkunft: »Gran Hotel Provincial de Turismo« (Entre Ríos 650, Tel. / Fax 07 83 / 3 31 74): Landhausstil, Pool und gute Küche, nicht zu teuer. Empfehlenswert im Fischer- und Ferienort Paso de la Patria: Das Bungalow-Hotel »Jardín del Paraná« (Av. Sta. Coloma s/n, Tel. / Fax 07 83 / 9 42 91; auch Boote mit Führer, Angelausrüstung).
Estancias: San Juan Poriahú, an der Ruta 118 bei Loreto (Mobil-Tel. 076 / 94 12 20 o. in B. A. 7 91 95 11; Señor Marcos García Rams): schönes Haus im Kolonialstil, gut

Posadas: Brücke über den Paraná nach Uruguay

für Touren durch die Esteros de Iberá.
Essen /Ausgehen: Restaurants, Bars an der Costanera von Corrientes; u. a.: »El Mirador« (Costanera y Edinson, Tel. 3 49 18).
Sehenswürdigkeiten: Das koloniale Convento de San Francisco (Mendoza 450; 18. Jh., 1939 renoviert) ist der älteste Bau von Corrientes. Im Stadtzentrum um die Plaza de Mayo und die Plaza Cabral stehen noch einige schöne Kolonialbauten.
Museen: Bellas Artes (lokale Künstler; San Juan 634, Di – Sa 9 –13, 13.30 –20 Uhr); Museo Histórico (Stadtgeschichte; 9 de Julio 1044, Mo – Fr 8 –13, 16 –20 Uhr).
Esteros de Iberá: Zugang entweder über die Estancia San Juan de Poriahú (s. o.) oder via Mercedes, ca. 3 Busstunden südlich. Näheres beim »Freundeskreis der Esteros« in Mercedes, Dr. Pedro Perea Muñoz, Tel. 07 73 / 2 15 02.
Information: 25 de Mayo, Corrientes, Tel. 051/ 21 58 28, Fax 24 53 70.

Resistencia

Karte: Seite 113, Planquadrat B 3.
Anreise: Tgl. Flüge nach B. A., Tucumán. Busse nach Corrientes, Salta, Rosario.
Unterkunft: Zentral, preiswert in Resistencia: »Hotel Lemirson« (Rawson 167, Tel. 07 22 / 2 15 31, Fax 2 22 77). Die urige »Estancia Bouvier« nahe Puerto Pilcomayo organisiert Safaris in den Chaco (Tel. in Buenos Aires 01/ 3 22 42 71).
Essen, Ausgehen: Resistencia: Flußfisch vom Feinsten in der »Rotisería Kebón« (Güemes y Don Bosco, Tel. 2 23 85). Bars, Cafés, Diskos an der Av. Güemes. Musik und Kleinkunst im »Café Nino« (Don Bosco 113, Tel. 4 99 77). Live-Folk in der »Peña Martín Fierro« (Av. 9 de Julio 699).
Einkaufen: »Chaco Cueros« (Güemes 161): Westen, Hüte, Taschen aus Leder. »Centro Cultural Leopoldo Marechal« (Pellegrini 272): Kunsthandwerk der Wichi- und Toba-Indianer.
Sehenswürdigkeiten: Eine Liste der rund 200 Holzplastiken auf Resistencias Straßen erhält man im Verkehrsamt. Makabres und Bizarres präsentiert das Museo Policial (Roca 233, Mo – Sa 8 –12, 15 –21 Uhr), Historisches zur Siedlungsgeschichte das Museo del Hombre Chaceño (Arturo Illia 655, Mo – Fr 8 –12, 15 –20 Uhr).
Typische Chaco-Landschaft im Parque Nacional del Chaco, 115 km nordwestlich von Resistencia (Ruta 16 und 9; vier Busse tgl. bis Capitán Solari).
Information: Juan B. Justo 135, 1. Stock, Tel. / Fax 07 22 / 2 35 47.

Der Paseo Centario führt mitten durch Rosario

Portal der Kathedrale in San Ignacio Miní

Rosario: Gründerzeit-Dekor am Kaufhaus »Falabella« in der Calle Córdoba

In einem Guaraní-Reservat der Provinz Misiones

Rosario am Río Paraná ist eines der wichtigsten Wirtschaftszentren Argentiniens. Ihren Aufstieg verdankt die 1730 gegründete Stadt dem Hafen, der auch von Ozeanriesen angelaufen werden kann. Heute leben etwa eine Millionen Menschen in der Metropole. Im Zentrum liegt die Plaza 25 de Mayo. Herausragende Sehenswürdigkeit der Stadt ist das Monumento de la Bandera, das »Denkmal für die argentinische Flagge« am Ende der Calle Córdoba.

Ein häufiger Anblick im Chaco sind Iguanas

CÓRDOBA, CUYO

Die »gelehrte« Kapitale im Hinterland

Dank ihrer bereits 1613 gegründeten Universität darf Córdoba den Beinamen »die Gelehrte« tragen. Lange war die Metropole wichtigste Stadt des Landes. Davon zeugen einige imposante Bauten aus der Kolonialzeit (Foto: Kathedrale). Im Westen erstrecken sich die Sierras de Córdoba mit ihren Urlaubsorten. Höhepunkte des Cuyo sind Mendoza und der Aconcagua, das »Dach Amerikas«.

Córdoba La Docta, »die Gelehrte«, lautet der bis heute gelegentlich zitierte Beiname der zweitältesten und zweitgrößten Stadt des Landes. Ihre Universität wurde 1613 von den Jesuiten gegründet, als eine der ersten Hochschulen Amerikas. Und als das mickrige Holzfort namens Buenos Aires längst wieder in Schutt und Asche lag, im Jahre 1573 nämlich, da hatte Jerónimo Luis de Cabrera bereits den Grundstein für Córdoba gelegt. Den Ort wählte der Andalusier wohl, weil ihn die Szenerie am Fuße der Sierra Chica an die

Córdoba: Arkadengang an der Plaza San Martín

südspanische Heimat erinnerte und weil die Lage ein angenehm frisches Klima versprach. Außerdem erwiesen sich die hiesigen Comechingones-Indianer als seßhaft, friedlich und somit kontrollierbarer als die kriegerischen Horden der Pampa. Wie überall in Lateinamerika setzten die spanischen Kolonisten auf das bewährte System der »Encomienda«: Verdiente Konquistadoren wurden mit Ländereien belohnt – inklusive der darauf lebenden Menschen. Diese waren zwar in christlichem Glauben zu unterweisen, konnten ansonsten aber nach Gutsherrenart zu Fron- und Sklavendiensten ausgenutzt werden. Ihren massenhaften Tod durch Auszehrung oder europäische Viruserkrankungen nahmen die Spanier in Kauf. Lange Zeit blieb Córdoba wichtigste Stadt des Landes. Selbst nach Errichtung des Vizekönigreiches Río de la Plata mit Buenos Aires als Kapitale verstanden es die aktiven und selbstbewußten Cordobeser, den Porteños das Leben schwer zu machen. So widerstanden hiesige Royalisten und Reaktionäre getreu ihrem Kampfruf »Glaube oder Tod!« am längsten den Republikanern. Für ihre libertäre

Postmoderne Ziegel- und Glasbauten prägen das neue Zentrum Córdobas

Blick über Plaza San Martín, Kathedrale und Rathaus von Córdoba

Vorlesungspause im Neubau der bereits 1613 gegründeten Universität

Córdoba liegt exakt im Zentrum Argentiniens. Keine Provinz grenzt an mehr andere Provinzen. Sie vereint die Pampa mit der Sierra, die Flußtäler mit der Wüste, subtropische Hitze mit dem »Pampero«, dem kalten Südwind aus Patagonien. Dieses gemäßigte Klima bewog von jeher zahlreiche Mitteleuropäer, sich in der Region niederzulassen. So ausgewogen wie Witterung und Landschaft wirkt auch das Stadtbild der Provinzhauptstadt: Córdoba bietet eine überzeugende Mixtur aus kolonial und postmodern, alt und jung, großstädtisch und gemütlich.

Selbstbewußt, modern und alles andere als provinziell… …ist die Metropole Córdoba (unten)

Gesinnung sind dagegen von jeher die Studenten Córdobas bekannt; 1969 sorgten sie mit einem Aufstand gegen das Militär, dem legendären Cordobazo, für Schlagzeilen.

Der Lebensrhythmus in der dicht bebauten 1,1-Millionen-Metropole unterscheidet sich heute kaum mehr von dem in Buenos Aires – nur der Straßenverkehr wirkt vergleichsweise gemäßigt. Automobil- und Maschinenbau, die beiden wichtigsten Industrien, haben vom Boom der neunziger Jahre profitiert. In Imagebroschüren präsentiert sich Córdoba gerne als Messe- und Kongreßstadt auf der Höhe der Zeit, schlanker und effizienter als der Moloch am Río de la Plata. Neue Büro- und Wohnhäuser in interessanter Ziegel- und Glasoptik verleihen der Innenstadt stellenweise eine extravagante, beinahe postmoderne Note. Nur die 200 000 Bewohner zählenden Slums in den Vorstädten passen nicht so recht in die Hochglanz-Prospekte.

Córdoba: Metropole mit kolonialem Kern

Touristen kommen nach Córdoba vor allem wegen des kompakten kolonialen Viertels um die Plaza San Martín: Die von indianischen Handwerkern gebaute Barockkathedrale mit ihren voluminösen Glockentürmen und dem silbernen Hauptaltar, die maurisch inspirierte Iglesia de la Compañía de Jesús, das prächtige Wohnhaus von Gouverneur Rafael Núñez, das arkadenverzierte Rathaus, die geschmiedeten Fenstergitter und die andalusischen Patios – der farbig markierte Rundweg durch das Barrio Histórico ist ein Spaziergang geradewegs in die Kolonialära.

»Willkommen im gesündesten Klima der Welt!« Die Begrüßung am Ortseingang vieler Dörfer in der 500 Kilometer langen Bergkette der Sierra de Córdoba hat Tradition. Frische und trockene Bergluft mit hohem Ozongehalt, mineralreiches Wasser und eine sanft radioaktive Hintergrundstrahlung, die sich beruhigend auf das Nervensystem auswirken soll – die Täler Córdobas sind für den Kururlaub wie geschaffen. Schon 1920 ließen sich Bronchitis- und Tbc-Geschädigte mit dem nötigen Kleingeld in den Sanatorien des Valle de Punilla, beispielsweise in La Cumbre, La Falda oder Cosquín, behandeln.

Der berühmteste aller Asthmatiker wuchs wohlbehütet in Alta Gracia auf, einem sympathischen Städtchen mit einer schön renovierten Jesuiten-Estancia aus dem 17. Jahrhundert: Ernesto »Ché« Guevara, der Odysseus der Weltrevolution, dessen heroisches Bildnis noch immer ungezählte Studentenbuden zwischen Berlin und Buenos Aires ziert. Bis zu seiner Ermordung 1967 im bolivianischen Dschungel litt der »Ché« unter Atembeschwerden, was ihn freilich nicht hinderte, mit seinem Kampfgefährten Fidel Castro dicke Havannas zu rauchen.

Das Mar del Plata der Berge heißt Villa Carlos Paz. An den Ufern eines der vielen Stauseen der Sierra gelegen, bietet der 42 000 Einwohner zählende Ort

Stausee San Roque bei Villa Carlos Paz

Landschaften wie im Herzen Europas: die Sierra nahe La Cumbrecita

30 Kilometer außerhalb Córdobas alles, was argentinische Sommerfrischler lieben: Steakhäuser und Diskos, moderne Hotels im Country-Look, zum Bersten volle Badeplätze, Picknickbänke und Entertainment rund um die Uhr. Das Umland wirkt zersiedelt, verstellt von den Chacras, Landsitzen wohlhabender Städter.

Ursprünglicher und ruhiger sind die Kurorte weiter südlich, etwa das von weiten Kiefernkulturen umgebene La Cumbrecita, gegründet 1934 von Deutschen und Belgiern im Schatten des mit 2884 Metern höchsten Gipfels der Region, des Cerro Champaquí. Die kleine Siedlung mit der 1000 Meter langen Hauptstraße erklärte sich 1996 zur ersten autofreien Gemeinde Argentiniens.

La Cumbrecita – Argentiniens erste autofreie Gemeinde

Nicht nur beim Oktoberfest pflegen umtriebige Deutschstämmige ihr Brauchtum. Im vor mehr als 100 Jahren gegründeten »Argentinischen Tageblatt« kann man noch immer von den Aktivitäten der zahlreichen Auswandererklubs lesen: Da bitten etwa die »Donauschwaben« zum bunten Abend, der »Deutsche Turnverein« zur Jahressitzung und der »Bayernverein« zu Leberkäse, Brezen und Weißbier.

Jenseits von Bayern: Oktoberfest . . . . . . im »deutschen« Dorf Villa General Belgrano (unten)

Das Bild des Stadtzentrums von Alta Garcia prägt die Barock-Kirche aus dem 18. Jahrhundert (unten)

Wie ein neoalpines Museumsdorf mutet dagegen Villa General Belgrano im Valle Calamuchita an, das nicht nur wegen seines Fachwerks und der Schindeldächer landesweit als teutonischstes Städtchen gilt. Viele seiner 4500 Einwohner stammen direkt von den Matrosen des Panzerkreuzers »Graf Spee« ab, der im Dezember 1939 auf Kaperfahrt vor der uruguayischen Küste von einem britischen Verband leckgeschossen wurde. Kapitän Hans Langsdorff ließ das irreparable Schiff vor Montevideo versenken und jagte sich selbst eine Kugel in den Kopf, um »wie ein Soldat zu sterben«. Die Mannschaft setzte sich nach Argentinien ab. Wer bleiben wollte, ließ sich mit Hilfe der deutschen Kolonie von Buenos Aires in der Sierra von Córdoba nieder.

Jäger und Gejagte – Deutsche und Argentinier

»Oans, zwoa, gsuffa«: Wenn beim Oktoberfest im Bräuhaus von Villa General Belgrano in Lederhosen oder Dirndl gejodelt und geschunkelt wird, könnte man die dunklen Kapitel der deutsch-argentinischen Geschichte beinahe vergessen, einer Geschichte von Jägern und Gejagten. Bereits Mitte des 19. Jahrhunderts wanderten Deutsche systematisch nach Argentinien aus; vor allem preußische Bauern und Handwerker suchten anfangs ihr Glück in Südamerika.

Erstmals aus politischen Gründen schifften sich Mitglieder der Arbeiterpartei 1878 zum Río de la Plata ein, verjagt von Bismarcks Sozialistengesetzen. Sie gründeten in Buenos Aires den Verein »Vorwärts« und gaben eine eigene Zeitung heraus. Die Wirtschaftskrise der zwanziger Jahre hatte eine weitere Auswanderungswelle zur Folge. Nach Hitlers Machtergreifung flohen 50 000 deutsche Juden in den Pampastaat. Mehrheitlich erwiesen sich die Deutsch-Argentinier jedoch als stramme Nazis: Bereits 1931 stand die »NSDAP-Ortsgruppe«; zur Maifeier 1936 marschierten 16 000 Getreue auf der Avenida de Mayo im Herzen von Buenos Aires auf. »Hier werden wir ein neues Deutschland schaffen«, tönte Hitler von jenseits des Atlantischen Ozeans. Juden und Antifaschisten drängte man planmäßig aus deutschen Unternehmen und Vereinen, die Gleichschaltung funktionierte auch in Übersee.

Nach dem Krieg tauchten Nazi-Größen und Mitläufer zu Tausenden in Argentinien unter, protegiert von Hitler-Bewunderer Perón, Argentiniens erstem Nachkriegspräsidenten. 1960 gelang dennoch die Enttarnung Adolf Eichmanns durch Simon Wiesenthal. Zwei Jahre später wurde der »Leiter des Judenreferats« in Israel hingerichtet. Vereinzelt flogen zwar bis zuletzt noch Kriegsverbrecher auf wie 1990 Josef Schwammberger und 1995 Erich Priebke, die meisten aber entschliefen inzwischen unerkannt und unbestraft. 200 000 Deutsche und 800 000 Deutschstämmige leben gegenwärtig in Argentinien, sozial integriert und ohne Probleme untereinander – die Zeit der Jäger und Gejagten ist endgültig vorbei.

Mendoza: geschichtsträchtige Winzer-Hauptstadt

Szenenwechsel: von der Sierra ans Hochgebirge. Tierra del Sol y Vino – »Land der Sonne und des Weins«, so nennen die Bewohner der Cuyo-Region ihre Heimat. Jahrhundertelang blieben sie, irgendwo zwischen Anden und Pampa, isoliert vom Rest Argentiniens. Besiedelt und verwaltet wurde die Gegend bis 1776 von Santiago de Chile aus. Mendoza, die mit 730 000 Einwohnern größte Stadt, überrascht durch ihre idyllische Lage inmitten bewässerter Weinberge, durch ihre schattigen Platanenalleen und schönen Parks. Wegen der Erdbebengefahr – 1861 wurde Mendoza fast komplett zerstört, den Rest erledigte das Beben von 1965 – überwiegen heute im Stadtbild niedrige Bauten.

In den Schulbüchern ist Mendoza ein Kapitel für die Ewigkeit gewiß, denn von hier brach 1817 der damalige Provinzgouverneur und spätere Gran Libertador General San Martín auf, um mit 4000 Mann die Kordillere zu queren und um im Verbund mit dem chilenischen Nationalhelden Bernardo O'Higgins die Spanier bei Chacabuco entscheidend zu schlagen. Nach dem Helden benannt wurde auch der große Parque San Martín, von dessen »Ruhmeshügel«, dem Cerro de la Gloria, sich ein postkartenwürdiges Stadtpanorama bis hin zu den verschneiten Hochanden bietet.

Den legendären Gewaltmarsch San Martíns können nun auch Touristen nachempfinden: Bergführer organisieren im Sommer fünf- bis achttägige Anden-Trecks zu Pferde. Um das »Dach Amerikas«, das 6960 Meter hohe Aconcagua-Massiv, sollten Unkundige jedoch einen

Den Aufstieg zum Aconcagua… …beginnt für die meisten Expeditionen in Puente del Inca (unten)

Schattige Alleen zieren das Zentrum von Mendoza, der wichtigsten Stadt des Cuyo

Die Bodega Giol ist eine der größten Weinkellereien der Stadt

weiten Bogen machen. Zwar braucht man nicht unbedingt Erfahrung im Extremklettern, jedoch auf jeden Fall eine hervorragende Kondition und erstklassige Ausrüstung. Um sich an die dünne Höhenluft zu gewöhnen, sollten Gipfelstürmer außerdem mindestens zehn Tage vor dem Aufstieg auf 3000 bis 4000 Meter Höhe trainiert haben.
Seit der Erstbesteigung durch den Schweizer Matthias Zurbriggen im Jahr 1897 schafften es etwa 4000 Menschen auf den Gipfel, aber 100 weitere überlebten den Versuch nicht. Fernando Grajales, der seit über 20 Jahren Expeditionen vom Basislager Plaza de las Mulas aufwärts begleitet, hat schon viele verrückte Gringos erlebt. »Einer stieg zweimal mit seinem Hund hinauf«, erzählt er, »beim dritten Mal blieben beide für immer oben.« Zwei Italiener mit dem Mountainbike, ein Engländer mit Beinprothese, ein Texaner mit Campingtisch (um höher zu gelangen, als alle anderen zuvor), ein Katalane, der sich 74 Nächte

Große Auswahl: Weinverkauf der Bodega Giol

auf dem Gipfel um die Ohren schlug, eine Deutsche, die ihr zweijähriges Kind im Tragesack mitnehmen wollte – Grajales wundert sich über nichts mehr.
Höchstens über die alten Inka: In 5300 Meter Höhe tauchte 1985 an der Südwestflanke des Aconcagua die 600 Jahre alte Mumie eines Jungen auf, der vermutlich den Göttern geopfert wurde. Im Tal erinnert der Puente del Inca, eine von 34 Grad warmen Mineralquellen umspülte Naturbrücke, ebenfalls an die früheren Herren des Cuyo. Die Inka integrierten den Übergang in ihr ausgeklügeltes Verkehrsnetz, dem bis heute der Hauptweg über die Anden nach Chile folgt. An die Beilegung eines jener zahllosen Konflikte, die zwischen den Nach-

Höhepunkt jedes Bodega-Besuches: die Weinprobe

Der hausgemachte Landwein Argentiniens, meist süß und schwer, heißt »Vino patero« – »fußgestampfter Wein«. Dieser Name erinnert noch an die simple Methode, mit der in der Kolonialzeit Trauben verarbeitet wurden. Die rund 1300 Mendociner Profi-Winzer sind heute nicht nur technisch auf dem neuesten Stand. Von der Qualität ihrer edlen Malbec- und Merlot-Rotweine zeigt sich inzwischen sogar Europas »Weinpapst« Hugh Johnson beeindruckt.

barstaaten wegen des unklaren Grenzverlaufs im Schatten der Sechstausender entbrannten, erinnert ein bronzener Cristo Redentor auf frostigen 3850 Meter Höhe. Erst 1979 kam es wieder beinahe zum Krieg; nur der Papst konnte die Streithähne schließlich noch vom Äußersten abbringen.

Fossilien im Nationalpark Ischigualasto

Gut, daß heute nicht nur Mercosur, die neue Wirtschaftsunion der Südamerikaner, sondern auch die Freude an gepflegten Weinen Chilenen und Argentinier eint. Argentinien steht mengenmäßig sogar an fünfter Stelle aller weinproduzierenden Länder, und auch die Qualität vor allem der Cuyo-Rotweine kann sich sehen lassen. »Ich bin zwischen Mendoza und San Juan«, sagen deshalb die Argentinier, wenn sie sich vom Wein beflügelt fühlen. Cabernet Sauvignon, Malbec, Merlot, Pinot Negro und Chardonnay sind jene europäischen Rebsorten, die auf den Sandböden und bei 320 Sonnentagen im Jahr am Fuße der Hochanden einen ganz eigenen Charakter entwickelt haben. Tausende von Brunnen sorgen für zusätzliche Feuchtigkeit. In der Winzer-Hauptstadt Mendoza kann man sich bei der Kostprobe in den großen Bodegas an Ort und Stelle vom blumigen Bouquet hiesiger Gewächse überzeugen.

Nicht nur für Önologen sehenswert sind die 50 000-Liter-Eichenfässer aus Bordeaux, wie sie Mendociner Weinmacher um 1860 importierten. In einigen Kellereien erhalten die bauchigen Ungetüme weiterhin den Vorzug vor modernem Edelstahl.

Der Zonda, ein heißer Westwind, fegt fast permanent über die Provinz San Juan hinweg und läßt weite Flächen zu Halb-

Mondlandschaft: Felstürme in der Talampaya-Schlucht mit 150 Meter hohen senkrechten Wänden

Starke Kontraste: blühender Ginster und erodiertes Gestein im Talampaya-Cañón

Resultat von 225 Millionen Jahren Erosion: »U-Boot« im Valle de la Luna

Langsam wächst in Südamerika die Zahl der Guanakos wieder

Guanakos zählen wie ihre Verwandten, die Lamas, Alpakas und Vicuñas, zur Familie der Kamele. Vor Kolumbus lebten rund 25 Millionen Exemplare in Südamerika. Die Europäer dezimierten den Bestand auf eine halbe Million, denn die Wildtiere sind Futterkonkurrenten von Schafen und Rindern.

Kathedralen aus Fels: Wind und Wetter schufen den Cañón de Talampaya

wüsten ausdörren. Bis nach La Rioja hinein, wo in einsamen Oasen Datteln, Oliven und Zitrusfrüchte gedeihen, zieht sich der Trockengürtel des Westens. Vielleicht fühlten sich dürregewohnte Orientalen von solchen Verhältnissen herausgefordert, denn viele Einwanderer aus arabischen Ländern ließen sich hier nieder – wie auch die syrischen Vorfahren von Präsident Carlos Saúl Menem, der aus La Rioja stammt. In ihrer absoluten Form präsentiert sich die Wüste im Valle de la Luna, dem »Mondtal«, 80 Kilometer nördlich des Oasenstädtchens San Agustín. Der Río Ischigualasto, obgleich kaum mehr existent, und eine extreme Thermik haben eine Erosionslandschaft entstehen lassen, die tatsächlich so wirkt, als sei sie nicht von dieser Welt. Manche Felsformationen erhielten Phantasienamen wie »Das U-Boot« oder »Die Sphinx«.

Wind und Wetter schufen phantastische Felsengebilde

Paläontologen entdeckten zwischen Sedimentschichten beiderseits des Tales Fossilien von Urviechern wie dem Herrerasaurus, der hier vor mehr als 200 Millionen Jahren lebte – lange bevor die Anden sich auffalteten. Mindestens ebenso beeindruckend: die benachbarte Talampaya-Schlucht, der 30 Kilometer lange »Grand Canyon Argentiniens«. Wie die Fassaden gotischer Kathedralen wirken die roten Sandsteinsäulen, die bis zu 150 Meter hoch senkrecht in den meist monochrom stahlblauen Himmel ragen. Wind und Wasser modellierten in dem 270 000 Hektar großen Areal eine phantastische »Verlorene Stadt«. Ornamente und Tierzeichnungen, von anonymen präkolumbischen Künstlern mit Erdfarben auf den Fels gezeichnet, geben Archäologen bis heute Rätsel auf.

»El Cóndor pasa«: In der Talampaya-Schlucht und in den Anden von Mendoza ist die Chance vielleicht am größten, den majestätischen Wappenvogel Südamerikas im Flug zu beobachten. Der Kondor oder Neuweltgeier gilt mit bis zu 3,25 Meter Flügelspannweite, einem Meter Länge und einem Gewicht von 14 Kilogramm neben den Straußen als größter Vogel der Erde. Sowohl der etwas kleinere Kalifornische Kondor als auch der Anden-Kondor müssen jedoch zu den gefährdeten Arten gerechnet werden. Nur noch etwa 6000 Exemplare ziehen ihre Kreise über den Kordilleren von Ecuador bis Feuerland; in Venezuela und Kolumbien ist der Aasfresser bereits ausgerottet.

Die Inka verehrten den »Kúntur« als gottähnliches Wesen. Als Symbol für Macht und Größe taucht er immer wieder in Ornamenten und kultischen Darstellungen auf. Schon die Lebensweise der ehrfurchtgebietenden Tiere trägt zum Mythos bei: Kondore nisten in abgelegenen Gipfelzonen, sind monogam und erreichen das für Vögel hohe Alter von 50 Jahren. Seine Erkennungszeichen: schwarzes Gefieder und silbrige »Finger« an den Schwingen, der nackte Hals steckt in einem weißen Daunenkragen. Den roten Kamm tragen nur männliche Exemplare. Mit einem hervorragenden Gehör und extrem weitsichtigen Augen ausgestattet, nimmt der Kondor Bewegungen am Boden noch aus größter Höhe wahr.

Difunta Correa: Wallfahrt gegen die »Angst vor der Weite«

Wer die Wüsten von San Juan und La Rioja passiert hat und wer die Puna oder die patagonische Steppe kennt, begreift vielleicht die existentielle Angst vieler Argentinier auf dem Lande: Was, wenn unterwegs etwas passiert? Habe ich genügend Vorräte dabei, wie lange reicht das Benzin? Wird mich jemand suchen? Und auch finden? So tief sitzt die verständliche Agoraphobie, die Panik vor der einsamen Weite, daß der Volksglaube ihre Überwindung thematisiert: La Difunta Correa, eine gewisse Deolinda Correa aus San Juan, verirrte sich der Legende nach im Jahr 1841 in schwangerem Zustand in der Wüste. Sterbend brachte die Mestizin ihr Kind zur Welt, das nur überlebte, weil die Brust noch im Tode Milch spendete.

Von Jujuy bis Ushuaia stehen nun die Schreine für die »verblichene Correa« am Straßenrand, liebevoll ausstaffiert mit Autoteilen, Reifen, Nummernschildern oder Wasserflaschen.

In Vallecito, dem zentralen Heiligtum des Kultes, an dem die Tote mit dem Säugling gefunden worden sein soll, erhalten Busse und Lkw den Segen, robben Pilger auf allen Vieren heran, um Gesundheit und Glück zu erflehen. Auch wenn die offizielle Kirche den Kult als pure Folklore abtut, steigt die Zahl der Anhänger gerade in Krisenzeiten rapide an – frei nach dem Motto »Was nicht hilft, kann doch auch nicht schaden«.

Neokoloniale Casa de Gobierno in der ländlichen Provinzkapitale La Rioja

Kultstätte argentinischer Automobilisten: Vallecito in der Nähe von San Juan

Brunnen in der Wüstenstadt San Juan

Am Schrein der Difunta Correa

Provinz Córdoba

Karte: Seite 113, Planquadrat C 2.
Anreise: Viele tägliche Flüge von B. A. zum Flughafen Pajas Blancas (15 km nördlich); Inlandsflüge von und nach Salta, Tucumán und Comodoro Rivadavia. Busse in alle Provinzen. Busbahnhof: Blvd. Perón 300.
Unterkunft: Das schönste 4-Sterne-Traditionshotel der Hauptstadt ist das »Sussex« (San Jerónimo 125, Tel./Fax 051/22 90 70). In einem sauber renovierten alten Stadthaus bietet das »Dallas Hotel« (San Jerónimo 339, Tel./Fax 21 60 91) ein überzeugendes Preis-Leistungs-Verhältnis. Einige empfehlenswerte Unterkünfte in der Sierra: »Hotel Sierra« (Pellegrini 57, Alta Gracia, Tel./Fax 05 47/2 10 01): altmodisch, aber gemütlich. »Las Verbenas« (Calle Pública s/n, La Cumbrecita, Tel. 05 46/8 10 08, Fax 8 10 70): behagliches Haus am Waldrand. »Edelweiss« (Ojo de Agua/Los Incas, Tel./Fax 05 46/63 17, Villa General Belgrano): Haus im Alpen-Look.
Essen/Ausgehen: »Betos« (San Juan 450, Tel. 24 62 25): hervorragende Parrilla im Stadtzentrum. »La Mamma« (Av. Figueroa Alcorta 270, Tel. 22 83 30): phantasievolle italienische Küche, nicht billig. Preiswert und typisch: Lokale im Mercado Norte, Rivadavia/Oncativo. Bars und Confiterías (z. B. »El Ruedo«, Obispo Trejo 84) findet man gehäuft im Uni-Viertel, Diskos und Nachtklubs an der Avenida Hipólito Yrigoyen (z. B. »Swept«, Hausnr. 420). Live-Folk in der »Pulpería El Viejo Rincón« (Ecke Dumesnil/Mendoza). Im Sommer verlagert sich das Nachtleben in die Urlaubsorte der Sierra, vor allem nach Villa Carlos Paz.
Einkaufen: Nuevocentro (Duarte Quiros 1400): das neueste und vielseitigste Shopping-Center in der Hauptstadt. »Mundo Aborígen« (25 de Mayo 73): Andenken und Kunsthandwerk im indianischen Stil.
Sehenswürdigkeiten: Das Kolonialviertel Córdobas beschränkt sich auf wenige Blöcke rund um die Plaza San Martín. Die älteste Kathedrale Argentiniens (1683 bis 1787) weist Stilmerkmale von Neoromanik über Barock und Klassizismus auf. Unter dem kolonnadengesäumten Cabildo (1607 begonnen) wurden erst 1991 geheime Kerker entdeckt (Museum tgl. 9.30–13.30, 17–22 Uhr). Im Karmeliterkloster Santa Teresa (Independencia 122; Di–Sa 9.30–12.30 Uhr) ist das Museum für Sakralkunst untergebracht. Die herrliche Iglesia La Compañía (1650) erhebt sich an der Ecke Obispo Trejos/Caseros; beachtlich auch die von Indianern geschnitzte Kanzel (17. Jh.) in der Iglesia San Roque (Dr. Salguero/San Jerónimo). Córdobas profanes Schmuckstück: die Casa del Virrey de Sobremonte, Santa Fé 218, mit dem historischen Museum (Möbel, Porzellan und Kunst der Kolonialära, Di bis Fr 8.30–13.30, 15.30–19.30, Sa 9–13 Uhr).
Weitere Museen in Córdoba: Bellas Artes »Dr. Genaro Pérez« (Av. General Paz 33, Di–Fr 9.30–13.30, 16.30–20.30, Sa/So 10–20 Uhr): moderne argentinische Kunst. Centro de Arte Contemporáneo (Parque San Martín, Di–So 16–20 Uhr): interessante Wechselausstellungen. Ciencias Naturales (Hipólito Yrigoyen 115, Mo bis Fr 8.30–12.30, 15–19.30): Zoologie, Paläontologie, Geologie; Fossilien.
Ausflüge: Zahlreiche Stauseen mit Strandbädern in der Sierra, z. B. Lago Los Molinos (bei Alta Gracia), Lago San Roque (bei Villa Carlos Paz). 175 km nordöstlich Córdobas liegt die Salzlagune Mar Chiquita mit dem Bade- und Kurort Miramar. Mina Clavero, 170 km südwestlich, ist bekannt für seine Mineralquellen und für das Museo Rocsen im Nachbardorf Nono (tgl. 10–18 Uhr), einem unglaublichen Sammelsurium von 11 000 Exponaten von der peruanischen Mumie bis zum altdeutschen Schlafzimmer.
Eine der attraktivsten Wanderungen führt von La Cumbrecita auf den Cerro Champaquí (2884 m). Alle Orte der Sierra sind bequem mit täglichen Bussen von Córdoba erreichbar.
Information: Tucumán 360, Córdoba, Tel. 051/21 58 28, Fax 24 53 70. Städtisches Info-Büro im Cabildo (Pl. San Martín).

Córdoba: Shopping im Patio Olmos

Provinz Mendoza

Karte: Seite 113, Planquadrat C 2.
Anreise: Tägliche Flüge nach und von B. A., Córdoba, Neuquén und Santiago de Chile (Flughafen Plumerillo 6 km nördlich). Busse in alle Richtungen verkehren ab Terminal Av. Gobernador Videla/Acceso Oeste.
Unterkunft: Das würdevolle Hotel »Nogaró Plaza« (Chile 1124, Tel. 061/20 07 66, Fax 20 06 64) ist seit 1925 die Nummer eins der Stadt. Das »Vecchia Roma« (Av. España 1615, Tel. 23 25 29, Fax 38 00 32; gutes Restaurant) kann unter den vielen guten Mittelklassehotels als eines der besten gelten.
Auf der Paßhöhe nach Chile, fast in Sichtweite des Aconcagua liegt die gemütliche »Hostería Puente del Inca« (Las Heras, Ruta Internacional 7, Telefon 061/38 04 80, Fax 38 04 77).
Die Bergsteiger-Unterkunft »Refugio Plaza de Mulas« am Aconcagua-Anstieg auf 4370 m Höhe reserviert man in Mendoza unter Tel./Fax 38 03 83, den Hotelkomplex im Skigebiet Las Leñas (250 km südlich von Mendoza, bei Malargüe) unter Tel./Fax 06 27/7 11 00.
Essen/Ausgehen: »Restaurante Montecatini« (Gral. Paz 370, Tel. 25 21 11) und »Restaurante Trevi« (im Hotel Palace, Av. Las Heras 68, Tel. 23 31 95) sind empfehlenswerte Adressen für internationale und italienische Küche. Die beliebteste Parrilla: »El Lomo Loco« (Acceso Sud Oeste 3001, Godoy Cruz, Tel. 39 19 06).
Einkaufen: Am Wochenende Mercado Artesanal auf der Plaza Independencia, unter der Woche im Laden an der Av. San Martín 1133. Günstige Lederwaren bei Alain de France, San Martín 1070. Shopping-Meile: Avenida Las Heras.
Weinkeller mit Führung und Kostprobe: Bodega La Colina de Oro (ehemals Giol), Ozamis 1040 im Stadtteil Maipú (Bus 150/151), Tel. 972090, Mo–Fr 9–12.30, 15–18 Uhr, Sa 9–12 Uhr. Bodega Peñaflor, Coquimbito, Maipú (Bus 170/172), Tel. 97 23 88, Mo–Fr 9–16 Uhr. Bodega Escorihuela, Belgrano 1188, Godoy Cruz (Bus »T«), Tel. 22 01 15, Mo–Fr 9.30 bis 16 Uhr.
Sehenswürdigkeiten: Im über 500 ha großen Parque San Martín (östlich des Zentrums) erhebt sich der Cerro de la Gloria mit dem gewaltigen San-Martín-Monument, unterhalb liegt der Jardín Zoológico (Di–So 9–19 Uhr). Sehr schöne Sicht auf die Stadt und die Anden.

Auch zwei sehenswerte Museen befinden sich im Park: das kleine Museo Arqueológico der örtlichen Universität (Mo–Mi 9–12, 16–19, Do/Fr 9–12 Uhr) sowie das Museo de Historia Natural (Di–Fr 9–12, Di–So 16–20 Uhr). Das antik möblierte Museo del Pasado Cuyano (Montevideo 544; Di–Sa 9–12.30, Do 16–17.30 Uhr) gibt einen Überblick über die regionale Kulturgeschichte.

Ansonsten ist wenig Historisches zu sehen, da Mendoza wiederholt von Erdbeben verwüstet wurde. So stehen auch von der Iglesia San Francisco (1638, Ecke Ituzaingó/Fray Luis Beltraín) nur noch pittoreske Ruinen. Lebendiger sind die zentrale Plaza Independencia sowie die mit spanischen Azulejo-Fliesen bunt verzierte Plaza España.

Ausflüge: Upsallata (105 km westlich), ein famos gelegener Ferienort auf 1800 m Höhe, soll bis zum Jahr 2000 zu einem modernen Skiresort ausgebaut werden. In den Bóvedas Históricas am Ortsrand, einem maurisch anmutenden Kuppelbau, wurde in der Kolonialzeit Silber geschmolzen.

Über die engen Kehren der 28 km langen Straße Los Caracoles gelangt man zur Paßhöhe Cruz del Paramillo (3800 m), von der man einmalige Blicke auf den Aconcagua und den Vulkan Tupungato (6650 m) genießt. Organisierte Tagestouren ab Mendoza beinhalten meist Puente del Inca (178 km) und die Auffahrt zur Statue Cristo Redentor.

Reisebüro in Mendoza: »Cuyo Travel« (Paseo Sarmiento 162, Tel. 29 56 40, Fax 24 21 46). Touren für Bergsteiger und Trecker: José Orviz (Juan B. Justo 550, Tel./Fax 25 69 50). Zu den erfahrensten Aconcagua-Führern gehört Fernando Grajales (c/o Hostería Puente del Inca, Tel. 061/38 04 80, Fax 38 04 77; s.o.).

Information: San Martín 1143, Mendoza, Tel. 061/20 28 00, Fax 20 22 43.

Das steinerne »Kamel« steht im Valle de la Luna, das an den Talampaya-Park angrenzt

Provinzen San Juan und La Rioja

Karte: Seite 113, Planquadrat B/C 2.

Anreise: Tägliche Flüge ab/bis B. A. und Córdoba nach San Juan, Busse u. a. von Mendoza, La Rioja, Bariloche. Nach La Rioja fliegen Maschinen ab Buenos Aires und Catamarca; Busse u. a. von Salta, Mendoza und Córdoba.

Unterkunft: Das Drei-Sterne-Hotel »Nogaró« (I. de la Roza 132 Este, Tel./Fax 064/22 75 01) dürfte die beste Wahl in San Juan sein. In La Rioja bietet das »King's Hotel« (Av. Quiroga 1070, Tel. 08 22/2 52 72, Fax 2 52 48) mittleren Komfort mit Klimaanlage und Pool.

Essen: Leckere Pizza und Pasta in La Rioja bei »Il Gatto« (Pelagio Luna 555, Tel. 2 18 99). Arabische Kost tischt das Restaurant des »Club Sirio-Libanés« (Entre Ríos 33 Sur, Tel. 22 98 84) in San Juan auf. Feinste argentinische Parrilla serviert dagegen »Las Leñas« (Av. San Martín 1670 Oeste, Tel. 23 21 00).

Einkaufen: La Rioja hat einen ausgezeichneten Ruf für indianische Keramik, Stoffe und Teppiche. Gute Auswahl im Mercado Artesanal (Pelagio Luna 792).

Sehenswürdigkeiten: San Juan ist die Geburtsstadt des Präsidenten und Dichters Domingo Faustino Sarmiento (1811 bis 1888). Sein koloniales Geburtshaus (Sarmiento 21 Sur, Mo geschl.) hat als einziges historisches Gebäude die Erdbeben überstanden. Präkolumbische Funde, u. a. inkaische Mumien und Werkzeuge, zeigt das Museo Arqueológico La Laja, 25 km nördl. von San Juan (Bus Nr. 20; tgl. 9–12, 14–17.30 Uhr). Auch in La Rioja gibt es ein besuchenswertes Archäologisches Museum (Alberdi 650, tgl. 8–12), ansonsten kann man sich das älteste Kloster Argentiniens ansehen, das Convento de Santo Domingo (1623, Pelagio Luna/Lamdrid).

Ausflüge: Der Parque Provincial Ischigualasto (Valle de la Luna), 80 km nördlich von San Juan, ist nur per Mietwagen oder mit organisierten Fahrten (über Reisebüros in San Juan buchbar) zu erreichen. Der Parkwächter an der Zufahrt begleitet Besucher auf der rund zweistündigen Tour durch das Tal. Nach Vallecito, zum skurrilen Difunta-Correa-Heiligtum, fahren täglich Busse ab San Juan (60 km) oder La Rioja. Zur abgelegenen Talampaya-Schlucht gelangt man mit dem Auto ab San Juan (ca. 95 km) oder La Rioja (65 km) via Villa Unión an der Ruta 40. Auskünfte im Centro de Visitantes an der Puerta de Talampaya.

Information: Sarmiento 24 Sur, San Juan, Tel. 064/21 00 04, Fax 22 57 78. Avenida Perón/Urquiza, La Rioja, Tel. 0822/2 88 34, Fax 2 32 21.

Schmiedeeisernes Tor zum Parque San Martín in der Winzermetropole Mendoza

Schlaue Füchse suchen Schatten: Mittagshitze in der etwa 30 Kilometer langen, sich abwechselnd verengenden oder öffnenden Talampaya-Schlucht

Schön bunt: Córdobas Kathedrale…

…und junge Juristin bei der Examensparty

Ein Opfer der Privatisierungswelle: stillgelegter Bahnhof Mitre in Córdoba

1976 ließen die argentinischen Bischöfe von den Kanzeln verlauten, daß der Kult um Difunta Correa als pure Folklore und Aberglaube zu gelten habe. Der Aufruf hat jedoch wenig gefruchtet. Die kleinen Tempel und Weihestätten entlang der Landstraßen sind seither eher zahlreicher geworden. Und nach Vallecito strömen so viele Pilger, daß längst eine komplette Kleinstadt samt Touristenhotel rund um den Schrein entstanden ist.

Pilger-Souvenirs für Difunta Correa in Vallecito

PATAGONIEN

Land der Extreme

Nur in wenigen Regionen ist der Mensch so einsam wie in Patagonien. Das Land ist doppelt so groß wie Deutschland, hat aber nur eine Million Einwohner. Unablässig faucht der Wind über eine trostlose Steppe. In den Anden zeigt Patagonien mit gewaltigen Gletschern (Foto: Perito-Moreno-Gletscher) und den lieblichen Seen der Argentinischen Schweiz ein anderes Gesicht.

Hauptort der Halbinsel Valdés: Puerto Pirámides

Magellanpinguine bei San Julián

»Pengwyn«, »Weißkopf«, taufte ein walisischer Matrose einst jenes Federvieh, das die Küsten Patagoniens zu Millionen bevölkert. Pinguine, von den Seeleuten früher lediglich als watschelnde Proviantreserven geschätzt, pflegen ein intensives Sozialleben. Nach der Paarung kümmern sich Männchen und Weibchen abwechselnd um die Brut. Später lernt der Nachwuchs in regelrechten »Schulen« das Schwimmen und das Fangen von Fischen und Calamares. Auch bei den Walen ist Erziehung eine öffentliche Angelegenheit. Die Kühe sorgen gemeinschaftlich für das Wohl ihrer »Kleinen«, die bei der Geburt bereits sechs Meter lang sind.

Riese steuerbord: »Whalewatching« im Golfo Nuevo

Patagonien-Pioniere: walisische Farmer bei Gaimán

Walisischer Pavillon in Trelew

Der Expreso Pingüino hat alles an Bord für den 40-Stunden-Marathon von Buenos Aires bis Río Gallegos: WC-Kabine, Kaffeemaschine, zweitklassige Hollywood-Action auf Video, geschmacksfreie Käsebrötchen aus der Folie. Zum x-ten Mal läuft die ausgeleierte Tangokassette, auf der Roberto Goyeneche mehr raunt als singt: Vuelvo al Sur – »ich komme zurück in den Süden, immer wieder«. El Sur: Für die Argentinier bezeichnet das kurze Wort mehr als bloß eine Himmelsrichtung. El Sur, das ist die Freiheit, zu gehen wohin man will. El Sur, das klingt nach Sehnsucht, Neubeginn und letzter Chance. Was an den getönten Scheiben des monoton röhrenden Busses vorüberzieht, reizt indes kaum zum Verweilen: Steppe und Geröll bis zum Horizont, stundenlang lößbraune Trostlosigkeit; nicht einmal ein Baum, der dem tristen Gemälde etwas Form gäbe. Staubsäulen und der einseitige Wuchs der kümmerlichen Mata-Negra-Grasbüschel zeigen an, woher der Wind weht: immer aus Südwesten. Aber den Regen fängt unterwegs die Kordillere ab, und so hetzt der sinnlose Dauerorkan namens Pampero lediglich ein paar blasse Wolkenfahnen und trockene Luft über die Erde, läßt sie ausdörren zur Wüste. An einer Raststätte mitten im Niemandsland hält der Expreso unvermittelt an. »Kurze Pause. Bitte in der Nähe bleiben«, krächzt die Stimme des Fahrers aus dem Lautsprecher. Der Mann hat Humor. Wohin sollte man hier schon gehen?

Patagonien: sprödes, maßlos weites Land

Patagonien. Der südliche Kegel Lateinamerikas. 765 720 Quadratkilometer, gut eine Million Einwohner: Auf der doppelten Fläche Deutschlands leben weniger Menschen als in München. Raum und Zeit funktionieren anders in diesem Land der Extreme. Nicht selten liegen hunderte Kilometer zwischen zwei Siedlungen; auf die Frage »Wie weit ist es noch?« antworten Einheimische lieber in großzügig gerundeten Stundenangaben – schließlich kennen sie den Zustand der holprigen Pisten abseits der Küste am besten. Eintönig wie die Landschaft sind auch die meisten Städte und Dörfer Patagoniens. Eine Geschäftsstraße, die fast überall Avenida San Martín heißt, Wellblech und Flachdächer, im Wind schaukelnde Reklameschilder, eine Confitería mit Plastikstühlen und einsilbigen Kellnern – Sehenswürdigkeiten zum Abhaken sucht man vergeblich in Orten, von denen die meisten noch keine 100 Jahre alt sind.
Dafür scheint die große Leere die Phantasie zum Blühen zu bringen. Auf purem Seemannsgarn beruht schon der Name des Südkegels: Der portugiesische Seefahrer Fernão de Magalhães, hispanisiert Fernando Magellan, überwinterte 1520 an der Bucht des heutigen Puerto San Julián. Im Auftrag der spanischen Krone sollte er als erster die Erde umsegeln, auf der Suche nach dem Seeweg zu

»Ty de Caerdydd«: Teatime in Gaimán

den Gewürzinseln im Fernen Osten. Von der physischen Erscheinung der großgewachsenen Tehuelche-Indianer und vor allem von ihren klobigen Fellschuhen waren er und seine Mannschaft wohl derart beeindruckt, daß Magellans Chronist Antonio Pigafetta sie Patagones nannte, »Großfüßler«. Europäer würden den Riesen höchstens bis an den Bauchnabel reichen, phantasierte Pigafetta; außerdem seien sie zu groß, um auf Pferden reiten zu können. Wenig später erschien La Tierra de Patagones, »das Land der Giganten«, in den ersten Atlanten. Die Mär von den Drei-Meter-Menschen hielt sich bis ins 18. Jahrhundert.
Halbherzig gestalteten sich die Versuche der Kolonialmacht, Patagonien zu besiedeln. Als englische und holländische Piraten auch südlichste Breitengrade unsicher machten, befahl König Philipp II. 1584 im fernen Escorial bei Madrid, im Niemandsland Flagge zu zeigen und ein paar hundert Siedler nahe dem heutigen Punta Arenas (Chile) auszusetzen. Nach zwei Jahren waren die meisten elend umgekommen; der Korsar Thomas Cavendish taufte das Fort auf den vielsagenden Namen Port Famine, »Hunger-

hafen«. Patagonien blieb also zunächst Indianerland; der Río Colorado, der rostfarbene Grenzfluß zwischen den Provinzen Buenos Aires und Río Negro, markierte jahrhundertelang den Frontverlauf zwischen »Zivilisation« und »Barbarei«. Höchstens Missionare und Forschungsreisende übertraten gelegentlich diese Demarkationslinie: James Cook (1769), der englische Jesuit Thomas Falkner (1774) sowie Kapitän Robert Fitz Roy und Charles Darwin.

»Some more tea and pie, my dear?« Wenn Marta Rees zur Teatime bittet, bleibt garantiert kein Gast hungrig – solche Mengen an hausgemachten Kuchen

Versteinerte Bäume bei Jaramillo

und Torten serviert sie in ihrer Casa de Té »Plas y Coed« zum starken schwarzen Tee. Mrs. Rees' Ahnen stiegen 1865 nahe dem heutigen Puerto Madryn von einem Zweimaster namens »Mimosa«. Sie kamen aus den Steinkohlezentren von Wales und waren auf der Suche nach einer neuen Heimat. Zu Hause verbot man ihren keltischen Dialekt und unterdrückte ihr Verlangen nach Unabhängigkeit. Die argentinische Regierung gewährte den Galeses, wie sie auf spanisch heißen, halbwegs fruchtbares Land am Río Chubut. Als sie dort nach einem 60-Kilometer-Marsch durch die Wüste ankamen, waren sie so erleichtert, daß sie die Flußufer Cwm hyfrwd nannten, das »schöne Tal«.

Ihre Dörfer Gaimán, Dolavon, Trevelín, Esquel und Trelew umgaben sie mit windabweisenden Pappelalleen, Äckern, Gemüse- und Obstgärten. Mit den Tehuelche lebten sie friedlich zusammen, übernahmen deren Anbaumethoden. In den Teehäusern von Gaimán pflegen die Urenkel der Immigranten noch immer angelsächsische Traditionen: schmucke

Rush-hour in Argentiniens Petro-Hauptstadt Comodoro Rivadavia

Die freundliche Kleinstadt Esquel ist Endstation des Patagonien-Expresses

Blick über den Lago Futalaufquén im Nationalpark Los Alerces

»Dieses Land ist unbewohnbar.« Das vernichtende Urteil fällte 1535 der Seefahrer Simón de Alcazaba über Patagonien. Die Tehuelche- und Mapuche-Indianer, die sich mit Felsenkunst in der Wüste verewigten, wußten es besser. Erst 400 Jahre nach Alcazaba entdeckten auch Europäer die Vorzüge Patagoniens. Zwar sind Städte bis heute rar geblieben, und ihr Charakter ist mit »improvisiert« und »zweckmäßig« gut beschrieben. Aber stolz sind die Patagonier, egal ob spanischer, walisischer oder kroatischer Herkunft, doch auf ihre oft unwirtliche Heimat. Und vor allem darauf, daß sie den tiefen Süden endgültig bewohnbar gemacht haben.

Backsteinhäuser, feines Teegeschirr und Kuchengabeln aus Sheffield-Silber, karierte Tischdecken, rosa Tapeten, Pendeluhren, biedere Vorgärten mit bunten Jägerzäunen und gepflegten Heckenrosen. Zum Eisteddfod, den walisischen »Blumenfestspielen« im Frühjahr, werden alte Trachten und Liederbücher hervorgekramt. Dennoch können Fassaden und Folklore nicht verhindern, daß aus Walisern längst Argentinier wurden. »Sprache und Brauchtum sind eben nicht ewig konservierbar«, bedauert Mrs. Rees und packt noch ein paar Sahnestückchen für ihre Gäste ein. »One for the road.«

Wo einst die Waliser an Land gingen, liegen heute auch die einzigen echten Touristenziele an der Küste. Trelew, mit knapp 85 000 Einwohnern die aktivste und lebendigste Stadt weit und breit, trägt den Namen ihres Gründers: Tre bedeutet auf walisisch »Dorf«, Lew steht für Lewis Jones – »Dorf des Lewis«. Die Plaza mit ihrem viktorianischen Gingerbread-Pavillon, das Paläontologische Museum, eine Kapelle aus dem Jahr 1889 – viel mehr »muß« man aber selbst in Trelew nicht gesehen haben.

Puerto Madryn: Öko-Reiseziel und Industriestadt

Puerto Madryn, eine Busstunde weiter nördlich am Golfo Nuevo gelegen, hat etwas, was es südlich von Mar del Plata nicht allzu häufig gibt: einen breiten grausandigen Strand und eine gepflegte Esplanade zum Flanieren. Am Anblick der klotzigen Aluminiumfabrik, die australisches Bauxit verarbeitet, stören sich die Badenden offenbar wenig. Die zweite Industrie der 50 000-Einwohner-Stadt ist ebenso unübersehbar: Eine Vielzahl von Tourenbüros, Tauchveranstaltern und Souvenirshops säumt die Straßen; aus Schaufenstern grinsen überall Plüschpinguine und -seelöwen – Puerto Madryn kultiviert seinen Ruf als aufstrebendes Öko-Reiseziel.

Eine Erfolgsgarantie gibt es nicht beim Whalewatching, wie das Beobachten von Walen in aller Welt heißt. »Da drüben taucht gleich einer auf«, ruft der Bootsführer und winkt hektisch mit dem Fernglas. Dick vermummte Touristen stürzen an die linke Reling, Dutzende von Zooms fahren aus, blaugefrorene Finger zucken am Auslöser. »Hier rechts eine Mutter mit Nachwuchs, sehen Sie nur die Fontäne!« Wie in einem gut getimten

9000 Jahre alte Hände: Cueva de los Manos

Río Pinturas in der Nähe der Cueva de los Manos

Slapstick hetzt die erwartungsfrohe Meute zur anderen Seite, um gerade noch einen großen dunklen Schatten zu erblicken. Zu spät! Im selben Moment reckt sich vor dem Bug eine Y-förmige Schwanzflosse weit in die Luft, als wolle der Wal sich über die Hobbyfotografen lustig machen. Ein Raunen geht quer über das Deck: Wieder war es nichts mit dem Schnappschuß...

Daß die bis zu 35 Tonnen schweren und 12 Meter langen Säugetiere gegen menschliche Annährungsversuche wenig Vorbehalte haben, ja sogar ganz gerne ein wenig Katz und Maus mit den Motorbooten spielen, wurde ihnen beinahe zum Verhängnis: Von etwa 100 000 Glattwalen der Gattung Eubalaena australis, die Anfang des 20. Jahrhunderts gezählt wurden, bevölkern nur noch 3500 den Südatlantik. Vor allem Briten, Nordamerikaner und Japaner jagten die Tiere Jahrzehnte ohne jede Rücksicht. Erst seit 1994 besteht ein generelles Jagdverbot, so daß die Riesensäuger jedes Frühjahr zur Paarung und zur Geburt ihres Nachwuchses gefahrlos die Gewässer des Golfo Nuevo aufsuchen können.

Punta Tombo: Kinderstube für Pinguine und Seelöwen

Nicht nur Wale, auch Hunderttausende von Seevögeln ziehen an den wüstenhaften Küsten von Valdés ihre Brut groß. Die Stars unter den gefiederten Patagoniern sind zweifellos die Magellanpinguine. Ihre größte Sommerkolonie – den Winter verbringen sie lieber in Südbrasilien – liegt 120 Kilometer südlich von Trelew an der Punta Tombo und ist nur über eine staubige Schotterpiste erreichbar. Bis zu einer Million dieser Vögel graben dort ihre Nisthöhlen. Auch Seelöwen und die bis zu sechs Meter langen und vier Tonnen schweren See-Elefanten, die nur in Valdés ans Festland robben, können die Urlauber hier bewundern.

Wegen eines anderen Giganten aus dem Tierreich, der jedoch seit Jahrmillionen ausgestorben ist, machte sich 1975 der britische Schriftsteller Bruce Chatwin auf ans andere Ende der Welt. Ein Stück Leder von einem Riesenfaultier, das er in einem Schränkchen seiner Großmutter fand, hatte das Fernweh ausgelöst. Über seine Erfahrungen unterwegs schrieb Chatwin später einen Klassiker moderner Reiseliteratur: »In Patagonien«. Tatsächlich finden Fossilienforscher nur noch in

Zu den schönsten Refugien des Landes gehört das »Llao Llao Hotel & Resort« am Lago Nahuel Huapi

Sommerfrische mit Seeblick: Ferienhäuschen bei San Carlos de Bariloche

An der Grenze zu Chile steht der 3554 Meter hohe Cerro Tronador

der Wüste Gobi ähnlich ideale Bedingungen zum Wühlen in der Prähistorie. Im Sedimentgestein der Provinzen Chubut und Neuquén tauchen immer wieder Sauriereier, Mammut- und Urvogelgebeine auf.
Noch ein Wunder aus grauer Vorzeit: versteinerte Wälder mitten in der Wüste. Die bis zu drei Meter dicken Stämme, wie es sie etwa in der Meseta von Jaramillo gibt, entstanden vor 100 Millionen Jahren. Amerika und Afrika hingen damals zusammen, und die Anden existierten noch nicht. Das Klima war daher regenreich und warm, subtropische Wälder bedeckten das Land. Mineralische Vulkanasche und Regenwasser konservierten das Holz schließlich für die Ewigkeit.

Avenida Perito Moreno in Bariloche

Fossilen Ursprungs ist auch der größte Reichtum des Südens: Als die östlichen Ebenen vom Ozean überflutet waren, entstanden aus organischem Material enorme unterirdische Öl- und Erdgaslager. Der deutsche Ingenieur Josef Fuchs, der nach Wasser für neue Siedlungen bohren sollte, stieß am 13. Dezember 1907 auf das schwarze Gold. Diesen Tag feiern die 120 000 Einwohner von Comodoro Rivadavia, der Petro-Kapitale Argentiniens, als Día del Petróleo – stellen doch die Pumpen des kürzlich privatisierten Öltrusts YPF die Selbstversorgung Argentiniens sicher.
Tiefblaue Seen, schneebedeckte Vulkankuppen, Gletscherfelder, Kordillerenwälder: Wer aus den öden Ebenen im Osten kommt, dem muß das andine Patagonien wie das Paradies erscheinen. Arau-

Staunende Touristen am »Schwarzen Gletscher« beim Cerro Tronador

Nationalpark Nahuel Huapi: Ferienhaus im Myrtenwald auf der Isla Victoria

»San« Carlos Wiederhold, der deutschstämmige Gründer Bariloches, ließ sich an der Seenplatte zwischen Argentinien und Chile nieder, weil er sich von der Lage gute Geschäfte erhoffte. Aus dem kleinen Grenzverkehr wurde ein wahrer Tourismus-Boom: Fast eine Million Feriengäste im Jahr zählt die 100 000-Einwohner-Stadt am traumhaft schönen Lago Nahuel Huapi heute.

Ein magischer Anziehungspunkt für Bergsteiger aus aller Welt ist der 3375 Meter hohe Monte Fitz Roy, der erstmals 1952 bezwungen wurde

In El Calafate, dem Tor zur Gletscherwelt Südpatagoniens

Der Perito-Moreno-Gletscher … …»kalbt« in den Lago Argentino (unten)

kanien nannten die Spanier den Nordteil dieses Landstriches, nach der schuppenblättrigen Andentanne oder »Araukarie«. Die Mapuche-Urbevölkerung besiedelte Araukarien von Chile aus und widerstand den europäischen Eindringlingen am längsten von allen Indígenas. Erst General Julio Argentino Roca mit seinem euphemistisch Campaña del Desierto, »Wüstenfeldzug«, genannten Ausrottungskrieg machte Patagonien 1885 endgültig zum weißen Land. Die blutige Vorarbeit leisteten jene Schaffarmer, die ihren Gauchos pro Paar Indianerohren eine Prämie zahlten.

Reichlich zynisch müssen den überlebenden 35 000 Mapuche in ihren Reservaten die zahllosen Statuen, Gedenktafeln und Straßenschilder erscheinen, die Argentinien seither dem »Feldherrn« und späteren Präsidenten widmete. 1996 verhüllte eine Gruppe junger Indígenas sein Standbild in Bariloche und erhielt dafür immerhin wohlwollende Pressekommentare aus der Hauptstadt. Aber Roca bleibt unangetastet auf seinem Heldenpodest. »Straßen und Plätze tragen die Namen von Präsidenten und Generälen«, schreibt der anglokaribische Schriftsteller V. S. Naipaul über Geschichtsbewältigung in Argentinien, »aber die Kunst der historischen Analyse existiert nicht.«

Nach dem siegreichen Feldzug entstanden Siedlungen wie San Martín de los Andes als erste Etappen im früheren »Barbaren«-Land. Das hübsche 18 000-Seelen-Städtchen profitiert heute von seiner Lage unweit des Nationalparks Lanín. Der gleichnamige, 3775 Meter hohe erloschene Vulkan wird seiner perfekten Rundung wegen gern als »Fudschijama Südamerikas« betitelt. Das Etikett »Schweiz Argentiniens« haftet dagegen dem Nationalpark Nahuel Huapi an. Dieses älteste, 1904 von dem Öko-Pionier Perito Francisco Moreno initiierte Schutzgebiet umfaßt fjordähnliche Gletscherseen und alpin anmutende Bergtäler. Die Ähnlichkeit mit mitteleuropäischen Landschaften endet aber bei Fauna und Flora: In Wäldern aus Myrten, bis zu 5000 Jahre alten Anden-Lärchen und Südbuchen tummeln sich Andenhirsche und Pudus, eine Art Liliput-Reh.

Bariloche – touristisches Zentrum der »Argentinischen Schweiz«

Basislager für Touren und Wanderungen durch die Naturlandschaft ist San Carlos de Bariloche, eine touristische Boomtown von knapp 100 000 Einwohnern. Aufgedrehte Teenager aus Buenos Aires sowie Ski- und Schneefreunde aus Rio oder São Paulo stellen das Gros der Klientel; entsprechend lustig und lautstark geht es zu zwischen den vielen Großhotels, Nachtklubs und Timesharing-Komplexen von »Brasiloche«. Obsolet im Gewimmel wirkt da das neoalpine Centro Cívico, in den dreißiger Jahren für die vielen deutschstämmigen Siedler gebaut. Eher gestrig erscheint auch die Stimmung in El Bolsón, dem einstigen Love-and-Peace-Mekka Argentiniens. Ab Ende der sechziger Jahre kamen Jugendliche und Intellektuelle aus Buenos Aires sowie Weltenbummler in das Dorf, um sich ein neues, alternatives Zuhause fern von den Zwängen der Heimat zu schaffen. Inzwischen haben sich die Kommunen aufgelöst, aus den Marihuanafeldern sind Kräutergärten geworden. El Bolsón ist heute ein angenehmes Städtchen. Spuren alternativen Lebens kann man noch auf dem farbenprächtigen Kunsthandwerksmarkt finden, auf dem Alt-Hippies Batik-T-Shirts und Ethno-Schmuck verkaufen.

»Scotch on the rocks«, pflegt Reiseleiter Rubén seinen Schützlingen nach getaner Arbeit auf dem Ausflugskatamaran zu kredenzen. Der Whisky stammt aus Rubéns Flachmann, das Eis vom gewaltigsten Gletscher Südamerikas, dem Glaciar Upsala am Lago Argentino. Im Wasser vor

Zweimal so groß wie der Bodensee ist der Lago Argentino

Mit Booten gelangt man zur Zunge des Spegazzini-Gletschers

»El Hielo Continental«, der ungeheure Eisschild über dem Südausläufer der Anden, ist gut 350 Kilometer lang und 100 Kilometer breit. Als seien sie Teil eines einzigen kalten Organismus, dehnen sich seine 48 Gletscher permanent aus, kalben in die umliegenden Gewässer, schieben Gestein und Erde vor sich her und zermahlen Felsen buchstäblich zu Staub. Farbige Mineralstoffe gelangen auf diese Weise in patagonische Flüsse und Seen, die an sonnigen Tagen deshalb in den schillerndsten Tönen leuchten. Zu leben scheinen selbst die Berge: Erst 1991 überzog der chilenische Vulkan Hudson Patagonien mit einem 2,5 Milliarden Tonnen schweren Ascheregen.

dem 60 Kilometer langen Eisfeld treiben Témpanos, 50 Meter hohe Gletscher-Brocken, von Sonne und Wind zu kolossalen Henry-Moore-Plastiken geformt.
Zu den organisierten Touren, wie sie Rubén und Kollegen anbieten, gehört auch der obligatorische Mini-Trek mit Steigeisen über die Flanken des Glaciar Perito Moreno, einer Gletscherzunge mit spektakulärem Eigenleben: Bis zu zwei Meter pro Tag schieben sich ihre silberblauen Massen weiter in den See hinein. Alle paar Jahre berührt das Eis sogar das Festland der gegenüberliegenden Magellan-Halbinsel und bildet dann einen Damm zwischen den zwei Armen des Lago Argentino. Durch den Wasserdruck kommt es dann zu enormen Kettenexplosionen, die das Endstück der Eiswand unter ohrenbetäubendem Krach bersten lassen. Presse und TV in aller Welt entsenden regelmäßig ihre Teams, wenn das Großereignis kurz bevorsteht. Zuletzt allerdings avancierte das kalbende Riesenbaby Perito Moreno zum Sorgenkind lokaler Touristiker, denn der letzte Eisbruch liegt schon ein Jahrzehnt zurück – Folge von Ozonloch und Treibhauseffekt.

El Calafate: Tor zur Gletscherwelt Südpatagoniens

El Calafate, »die Berberitze«, heißt das trotz wachsender Besucherströme noch immer improvisiert wirkende Pionierstädtchen 75 Kilometer östlich des Gletscher-Nationalparks, um das weder Pauschalreisende noch Rucksacktouristen und Bergsteiger herumkommen. Ein loses Netz von Schotter- und Staub-Highways durchzieht von hier die endlose Meseta, aus der westlich die Granitnadeln des Chaltén-Massivs herausragen. An den Dreitausendern Cerros Fitzroy und Torre bissen sich schon die zähesten Andinisten die Zähne aus.
Immer den Südanden entlang führt die ruppige Ruta 40, eine 2600 Kilometer lange Trans-Patagonien-Piste. Unter Globetrottern ist die Cuarenta schon Legende; nur wer sie befahren hat, der war wirklich im großen Süden – Fliegen gilt nicht.
Der Patagonien-Marathon kann von neuem beginnen, diesmal in umgekehrter Richtung. Die Szenerie bleibt immer dieselbe: ein paar Estancias, mehr Schafe als Menschen, ereignislose Steppenweiler, Kreuzungen im Nirgendwo und nichts als Weite, Wind und Wolken. Hoffentlich sind genug alte Tango-Kassetten an Bord.

Echt patagonisch: Lamm-Asado am offenen Feuer bei Chaltén, der »Trekkingmetropole« am Fitz Roy

Spaziergang durch einen Südbuchen-Wald

Kurz ist der Frühling in Patagonien

An der Uferstraße des Lago Viedma, der ein Teil des Parque Nacional Los Glaciares ist

Halbinsel Valdés

Karte: Seite 113, Planquadrat E 2.
Anreise: Mehrmals täglich Flüge ab B. A. nach Trelew, nach Puerto Madryn nur kleinere Maschinen oder per Bus ab Trelew. Weitere Flughäfen an der Küste: Viedma, Comodoro Rivadavia, San Julián, Río Gallegos. Busverbindungen zwischen B. A. und allen Städten entlang der Ruta 3.
Unterkunft: Wie zu Pionierzeiten wohnt man (seit 1906) in Trelews denkmalgeschütztem Hotel »Touring Club« (Av. Fontana 240, Tel. / Fax 09 65 / 3 39 97).
In Puerto Madryn bietet das »Bahía Nueva« (Av. Roca 67, Tel. / Fax 09 65 / 5 16 77) alle modernen Annehmlichkeiten direkt an der Esplanade.
In Puerto Pirámides gibt es ein Motel des Automobilklubs (Tel. 09 65 / 9 50 04) und bescheidene Pensionen, z. B. das Hostería-Restaurante »Paradise Pub« (Telefon 9 50 30, Fax 9 50 03). Ideal für Naturliebhaber: Der ehemalige Leuchtturm an der einsamen Punta Delgada (Tel. 09 65 / 7 49 10, Fax 5 12 18).
In der Öl-Metropole Comodoro Rivadavia steigen Geschäftsleute am liebsten im Mittelklasse-Hotel »Austral« ab (Rivadavia 190, Tel. 09 67/ 47 22 00, Fax 47 24 44).
Essen /Ausgehen: Fisch und Meeresfrüchte in Trelew serviert »El Quijote« (25 de Mayo 90, Tel. 3 45 64); in Puerto Madryn ist dafür »La Cantina Nautica« (Roca 790, Tel. 7 14 04) zuständig. Hervorragende Steaks und unwiderstehliche Crêpes mit Dulce de Leche sind die Stärke von »La Estela« (Roque Saenz Peña 27, Tel. 5 15 73, Pto. Madryn).
Die älteste und originellste Casa de Té von Gaimán ist »Plas y Coed« (Miguel D. Jones 123, Tel. 09 65 / 9 11 33; schöne Gästezimmer).
Sehenswürdigkeiten: ***Trelew:*** Das Museo Paleontológico Egidio Feruglio (9 de Julio 655; Mo – Fr 8.30 –12.30, 13.30 –20 Uhr, Sa / So 9 –12, 14 –21 Uhr) zeigt Saurierskelette und Fossilien. Die Geschichte der walisischen Kolonien dokumentiert das Museo Regional Pueblo de Luis im ehemaligen Bahnhof (9 de Julio / Fontana; Mo – Sa 8 –13, 15 –21 Uhr). Das älteste Bauwerk der Stadt ist die Capilla Tabernacl von 1889. Wahrzeichen und Mittelpunkt der Plaza Independencia: der hölzerne Pavillon (El Kiosco) von 1910.
Puerto Madryn: Das Museo Oceanográfico (Yrigoyen/Roca; Di – So 15 –18.30 Uhr) vereint in einem Chalet der zwanziger Jahre Exponate zur Meeresbiologie.

Comodoro Rivadavia: Die einzigen Attraktionen der Stadt kreisen um das Thema Öl: Museo del Petróleo, (Lavalle / Carlos Calvo, 3 km außerhalb; Mo – Fr 10 bis 20, Sa / So 14.30 –20.30 Uhr), Museo Astra (15 km nördl. an der RN 3; Freilichtschau mit altem Bohrgerät).
Ausflüge: ***Península Valdés:*** Die interessantesten Punkte der Reserva Faunística sind der Golfo Nuevo vor Puerto Pirámides (Wale Juli – Dez.), die Caleta Valdés (ganzjährig See-Elefanten und Seelöwen) sowie die Isla de Pájaros (ganzjährig Seevögel). Pinguine (Okt.– März) siedeln vor allem an der Pingüinera von Punta Tombo, ca. 120 km südlich Trelew.
Am praktischsten ist die Anmietung eines Wagens am Flughafen von Trelew (3 Tage ca. 500 $); ansonsten bucht man komplette Ausflüge. Die Touren nach Punta Tombo beinhalten meist einen Stopp zu Tee und Kuchen in Gaimán; für die Pinguine bleibt da oft nur eine Stunde Zeit. Walbeobachtung u. a. mit »Hydrosport« (Puerto Pirámides, Tel. 09 65 / 9 50 16).
Touren: »Sur Tourismo« (Belgrano 330, Trelew, Tel. 3 40 81; professionell, oft große Gruppen). Kleiner und spezialisierter: »Turismo Puma« (28 de Julio, Pto. Madryn, Tel. 7 14 82).
Bosques Petrificados (versteinerte Wälder): 160 km landeinwärts von Caleta Olivia (Schotterpiste), bester Ausgangspunkt ist Comodoro Rivadavia. Vor Ort keine Infrastruktur.
Information: 9 de Julio 655, Tel. 09 65 / 3 54 64, Trelew (deutschsprachig). Roca 223, Tel. 5 35 04, Pto. Madryn. Zuständig für die ganze Provinz Chubut: 9 de Julio 280, Rawson, Tel. / Fax 09 65 / 8 11 13.

Alter Leuchtturm: Hostería de Punta Delgada

Argentinische Schweiz

Karte: Seite 113, Planquadrat E 1.
Anreise: Tägliche Flüge von Buenos Aires u. a. nach Neuquén und Bariloche. Regionalflüge ab Bariloche u. a. nach El Bolsón, Esquel, Comodoro Rivadavia, Trelew, San Martín de los Andes. Busse von Mendoza, Córdoba, Río Gallegos, Trelew, Salta und Puerto Montt (Chile).
Unterkunft: Luxus und ein unübertreffliches Berg- und Seepanorama bietet das »Llao-Llao Hotel & Resort« (Av. Bustillo, Tel. 09 44 / 4 85 30, Fax 4 82 22) 25 km außerhalb von Bariloche. Gute Mittelklasse in der Stadt: »Ayelén« (Libertad 157, Tel. 2 36 11, Fax 2 48 47). Erste Wahl in San Martín de los Andes: Die Hostería »La Cheminée« (Roca / Moreno, Tel. 09 72 / 2 76 17, Fax 2 77 62) mit Sauna, Pool und Bibliothek. Günstig und familiär in Esquel: Residencial »La Tour d'Argent« (San Martín 1063, Tel. 09 45 / 25 30). El Bolsón: Hostería Steiner (San Martín 600, Tel. 09 44 / 9 22 24; deutschsprachig).
Essen/Ausgehen: Typisch für Bariloche: geräucherte Forelle, Reh- und Wildschweinbraten, z. B. bei »Familia Weiss« (Palacios 167, Tel. 2 48 29). »El Boliche de Alberto« (Ruta 237, Tel. 2 31 82) liegt zwar 5 km außerhalb, entschädigt aber mit feinster Parrilla. Vollwertkost (nicht nur!) in Post-Hippie-Ambiente: »Jauja« (San Martín 2867, Tel. 09 44 / 9 24 48, El Bolsón).
Einkaufen: Schokolade, Marmeladen und Stricksachen – die Bestseller von Bariloche bekommt man in der Shoppingmeile Avenida San Martín, z. B. bei »El Turista« (San Martín 252). In San Martín de los Andes offerieren »Artesanías Mapuches« (Rosas 770) Webwaren aus den Indianerreservaten. Schmuck und Textilien im Flower-Power-Look gibt es samstags bei der Feria Artesanal von El Bolsón.
Ausflüge: ***Bariloche:*** Circuito Chico: Halbtägige Rundfahrt, per Mietwagen oder im Reisebüro buchbar. Cerro Catedral (2388 m): Gipfel mit weitläufigem Skigebiet (Saison Juli–Dez.). Cerro Otto: Schöne Sicht vom 1405 m hohen Hausberg Bariloches (Seilbahn). Cerro Tronador (3554 m) und Lago Mascardi: Bus und Bootstour (1 Tag) ins Herz des Nationalparks Nahuel Huapi; von der gepflegten Hostería »Pampa Linda« (Tel. / Fax in Bariloche 27049) zahllose Trekking-, Kletter- und Reitoptionen (z. B. zum Refugio Otto Meiling). Isla Victoria und Parque Nacional Los Arrayanes (Myrtenwald): Boote ab Puerto Pañuelo (bei Llao-Llao).

Lago Nahuel Huapi: In Puerto Pañuelo legen die Boote zur Isla Victoria ab

San Martín de los Andes: Von Bariloche kommend, verführt die 195 km lange Ruta de los Siete Lagos (Ruta 231/234) zum »Wandern« mit dem Auto. Von San Martín verkehrt eine Fähre über den Lago Lácar zur chilenischen Grenze bei Hua Hum. Vom Nachbarort Junín de los Andes gelangt man per Bus zur Rangerstation Puerto Canoa am herrlichen Lago Huechulafquen, dann zu Fuß bis zum Refugio am Anstieg zum Lanín.

El Bolsón: Cerro Piltriquitrón: 2284 m hoher Hausberg, bewirtschaftetes Refugio. Nationalpark Lago Puelo: türkisfarbener See in geschütztem Kessel, extrem mildes Klima, dichter Urwald. Schön zum Baden, nur 15 km von El Bolsón.

Esquel: Der von Paul Theroux in »Der alte Patagonien-Expreß« beschriebene dampflokgezogene La Trochita (1929) fährt bis El Maitén (Do.; ca. 6 Std.). Nationalpark Los Alerces: Was der Mammutbaum für Yosemite, das ist die bis zu 4000 Jahre alte, 60 m hohe Fitzroya cupressoides für die Anden. Der populärste Tagestrip ab Esquel: Der Circuito Lacustre mit Bus und Boot auf dem Lago Futalaufquén ab Pt. Limonao (60 km westlich).

Information: Bariloche: Centro Cívico, Tel. 09 44 / 2 30 22, Fax 2 67 84; San Martín de los Andes: Rosas 790, Tel. 09 72 / 2 73 47, Fax 2 76 95; El Bolsón, Pl. Pagano, Tel. / Fax 09 44 / 9 26 04; für Bergsteiger: Club Andino, 20 de Febrero 30, Bariloche, Tel. 2 22 66.

Südpatagonische Anden

Karte: Seite 113, Planquadrat F 1.

Anreise: Kleinflugzeuge, Busse (6 Std.) nach El Calafate von Río Gallegos (tgl. mehrmals ab B. A.); Bus von El Calafate nach El Chaltén.

Unterkunft: Die behagliche Posada »Los Álamos« (Moyano 1355, Tel. 09 02 / 9 11 44, Fax 9 11 86) genügt höchsten Ansprüchen. Die kleine, aber feine Hostería »Los Notros« (Tel. 9 14 37, Fax 9 18 16) liegt als einzige in Sichtweite des Perito-Moreno-Gletschers. Günstig, mitten im Dorf: Hostería »Schilling« (Paradelo 161, Tel. 9 14 53). Im Sommer häufig Engpässe. Bergsteiger-Lodge in El Chaltén: »Fitzroy Inn« (Tel. 09 62 / 9 30 62).

Estancias: »Alta Vista« (33 km östl. El Calafate an der Ruta 15, Tel. 09 02 / 9 12 47): exklusiv und persönlich im Stil. »La Quinta« (2 km südlich El Chaltén, Tel. / Fax in Buenos Aires 2 52 42 79): ideale Basis für Bergtouren rund um den Cerro Fitz Roy. »Helsingfors« (75 km westlich der Ruta 40 an den Gletschern des Lago Viedma, Fax 09 66 / 2 07 19).

Essen/Ausgehen: Gute Parrilla im »Mí Viejo« (Libertador 1111, Tel. 9 16 91); Pasta und Pizza bei »Onelli« (Libertador 1197, Tel. 91 184).

Ausflüge: *Nationalpark Los Glaciares:* Ohne eigenes Auto ist man auf die Dienste örtlicher Agenturen in El Calafate angewiesen. Die Busfahrt zum Gletscher Perito Moreno im Nationalpark Los Glaciares kostet 30 $; das zweistündige Steigeisen-Trekking mit Schlauchbootfahrt zur Eiswand 50 $. Mit 60 $ schlägt der Tagestrip mit Bus und Boot ab Punta Bandera zum Upsala-Gletscher (Lago Argentino) zu Buche. Veranstalter u. a. »Interlagos« (Libertador 1175, Tel. 91018, Fax 91205), »El Pingüino« (Libertador 1025, Tel./Fax 91273). Info im Nationalparkbüro (Libertador 1302, Tel. 91005).

Cerro Fitz Roy: Einfache Wanderung oder haarsträubende Kletterpartie – alles beginnt im Sackgassen-Dörfchen El Chaltén. Sehr schön etwa der Pfad zur Laguna Torre, von dort bester Blick auf die Cerros Fitz Roy und Torre. Anspruchsvoller: der Weg zur Laguna Capri und zum Basiscamp am Fitz Roy. Adressen von Bergführern im Verkehrsamt (s. u.).

Ruta 40: Zwei einsame Höhepunkte entlang der Trans-Patagonien-Piste (Asphaltierung im Jahr 2000 geplant): Im Parque Nacional Perito Moreno sagen sich Andenhirsch, Puma und Kondor Gute Nacht; die Estancia La Oriental am Nordufer des Lago Belgrano nimmt Gäste auf (Tel. 09 62 / 21 96, Fax 22 35 in Pto. San Julián). Eindrucksvolle vorkolumbische Felsmalereien verbergen sich in der Cueva de las Manos, 50 km westl. Bajo Caracoles: 829 positive und negative Handabdrücke in leuchtenden Naturfarben. Achtung: Keine Busse auf der Ruta 40; nur wenige Unterkünfte und Tankstellen, z. B. in Tres Lagos, Gobernador Gregores und Bajo Caracoles.

Information: Coronel Rosales 25, El Calafate, Tel. 09 02 / 9 10 90, Fax 9 17 99. Für die ganze Provinz Santa Cruz: Av. Roca 1551, Tel. / Fax 09 66 / 2 27 02.

Marta Rees' traditionelle Teestube »Plas y Coed« im kleinen Gaimán

»Schrei aus Stein«: Weil die Felstürme des Fitz-Roy-Massivs den Luftströmungen im Wege stehen, heult der Wind hier manchmal besonders furchtbar

Ferienidyll am insgesamt 500 Quadratkilometer großen Lago Nahuel Huapi

1940 entstand das Bürgerzentrum von Bariloche

Unblutige »Jagd« auf die Riesensäuger: »Whalewatcher« vor einem Glattwal

Für Aktivurlauber sind die patagonischen Anden eine Herausforderung. Free-Climber messen sich an den wilden Zacken des Fitz Roy, Wanderer und Mountain-Biker finden im Nationalpark Nahuel Huapi herrliche Wege und Berghütten im idealen Etappen-Abstand. Wer keine tropischen Temperaturen zum Baden braucht, der teilt sich die garantiert einsamen Atlantikstrände mit Pinguinen, Seelöwen und Walen.

Saltillo de las Nalcas bei Bariloche

Tief hängen die Wolken über dem Beagle-Kanal (gr. Foto), vor dem sich eine der letzten Wildnisse der Erde ausbreitet: Feuerland. In dem rauhen Klima entstand eine grandiose Landschaft aus Hochmooren, Gletschern und Fjorden (kl. Foto: NP Tierra del Fuego). Tor zu dem Archipel ist Ushuaia. Jenseits der Stadt beginnt die große Leere: einige Inseln und die Wasser- und Eiswüste der Antarktis.

FEUERLAND Expedition ans »Ende der Welt«

Der ehemalige Sträflingszug »Ferrocarril Austral Fueguino« steht noch immer unter Dampf

Schwieriges Terrain für Seefahrer: Kap Hoorn

Ushuaia am Beagle-Kanal …

… ist die südlichste Stadt der Welt (unten)

Ushuaias Karriere begann 1896 als Strafkolonie. »El Presidio«, das berüchtigte ehemalige Zuchthaus, läßt die Besucher noch heute frösteln. Auf denselben Schienen, die Zwangsarbeiter verlegen mußten, befördert heute eine Nostalgiebahn Touristen. Von ihnen und von staatlich geförderter Industrie lebt Ushuaia nicht schlecht – wie Bauboom, Preisniveau und Autoverkehr demonstrieren.

Eines der vielen Restaurants in Ushuaia: »Mi Viejo«

Ein »Peón« auf der Estancia Harberton

Die südlichste Würstelbude der Welt, das südlichste Zuchthaus, der südlichste Parkplatz. Ushuaia, natürlich die »südlichste Stadt der Welt«, liebt solche kuriosen Superlative. Schließlich lebt das Verwaltungszentrum des argentinischen Teils von Feuerland nicht schlecht von seinem Ruf als Schlußpunkt der Panamericana, die 17 848 Kilometer weiter nördlich in Alaska beginnt. Motorisierte Globetrotter von Adelaide bis Zwickau lassen es sich nicht nehmen, ihrer Raritätensammlung obskurer Orte gerade diesen finalen Meilenstein hinzuzufügen. »Wir waren da«, signalisieren am Ende der Ruta 3 ihre zurückgelassenen Souvenirs, wild zusammengezimmert wie zu einem Altar einer bizarren Religion.

Die meisten Besucher schweben freilich heute bequem mit dem Flugzeug ein, wobei der oft haarsträubend böige Anflug selbst Pauschalurlaubern das Gefühl geben kann, an einem richtigen Abenteuer teilzuhaben. Anders als jene 100 000 Touristen, die heute jährlich nach Feuerland kommen, zeigten frühere europäische Reisende noch keinerlei Interesse am sturmumtosten amerikanischen Südkap. Magellans Mannschaften drangen zwar 1520 in die Meerenge, die »Magellanstraße«, zwischen Festland und Feuerland vor, aber auf die heutige Isla Grande setzten sie keinen Fuß. Lediglich von Rauchfahnen über dem Wald berichteten sie in Spanien. Den Namen Tierra del Humo, »Rauchland«, ließ Karl V. dennoch nicht gelten, denn wo Rauch ist, da müsse auch Feuer brennen; richtig sei also Tierra del Fuego.

Verkannt und vergessen: die Ureinwohner Feuerlands

Verantwortlich für die Feuer waren Menschen, die das rauhe Land bereits seit mindestens 10 000 Jahren bewohnten: die Völker der Selknam, der Haush, Alakaluf und Yaghan. Charles Darwin, nach dessen Schiff der Beagle-Kanal benannt ist, schildert die Indianer 1832 als »die verächtlichsten und elendsten Geschöpfe, die ich irgendwo gesehen habe«. Ohne jeden Beweis verleumdete er sie als Kannibalen, machte sich über den Klang ihrer Sprache lustig, stellte sie intellektuell und emotional auf eine Stufe mit wilden Tieren – kein Ruhmesblatt für den damals jungen Naturwissenschaftler.

Mit Vorurteilen dieser Art hielten sich die Siedler ein halbes Jahrhundert später gar nicht lange auf, sie töteten die meisten Indianer. Den Rest besorgten Schnaps und Masern; von 9000 Indianern im Jahr 1840 waren 1940 gerade 150 übrig. Bruce Chatwin sprach noch mit dem letzten Yaghan-Mann auf der Isla Navarino, inzwischen sind die alten Feuerländer komplett ausgerottet.

Einer der gefürchtetsten Killer war der rumänische Jude Julio Popper, der um 1900 auf der schmalen Halbinsel Páramo nach Gold schürfen ließ. Dazu heuerte Popper eine 100 Mann starke Arbeitskolonne aus Kroatien an, gab Karnevalsuniformen an seine Leibgarde aus, ließ eigene Goldmünzen prägen und private Briefmarken drucken. Von dem Exzentriker existieren Fotos, auf denen er vor den Leichen erlegter Selknam posiert. Ob Popper am Río Grande tatsächlich 600 Kilo Gold fand, wie er selbst behauptete, sei dahingestellt. Tatsache ist, daß unter der Bahía San Sebastían enorme Mengen an Erdgas lagern; eine Pipeline verläuft von hier bis Buenos Aires.

Erdgas und Wolle sind der Reichtum des Landes

Eine weitere Quelle feuerländischen Wohlstands ist die Wolle: 62 Estancias halten insgesamt rund eine Million Corriedale-Schafe, eine äußerst widerstandsfähige Kreuzung von Merino- und Langwollschaf. Jährlich haben die Peónes, die zur Schur zum Sommeranfang aus ganz Patagonien anreisen, rund 3500 Tonnen Wolle abzurasieren. Echte Profis brauchen für ein Tier zwei Minuten. Der größte Scher-Schuppen mit den Ausmaßen einer Bahnhofshalle steht auf dem Grund der Estancia María Behety 20 Kilometer westlich der 45 000-Einwohner-Stadt Río Grande; während der Saison können Besucher bei der Arbeit zusehen.

Eine der bekanntesten und ältesten Farmen ist die abgeschiedene Estancia Harberton am Beagle-Kanal, 80 Kilometer östlich von Ushuaia. Hierher zog sich 1886 der Missionar Thomas Bridges zurück, um sich einer wahren Herkulesaufgabe zu widmen: Um den Yaghan-Indianern predigen zu können, beschloß der Reverend, ein Englisch-Feuerländisches Wörterbuch zu verfassen. Das Idiom seiner indianischen Freunde erwies sich als enorm komplex, vielfältig und reich an Metaphern. Bis zu seinem Tod registrierte der unermüdliche Bridges 32 000 Vokabeln, »ohne deren Aus-

druckskraft auch nur im geringsten erschöpft zu haben«, so Bruce Chatwin, der das Originalmanuskript im Londoner Britischen Museum durchsah. »Was sollen wir von einem Volk halten, das ›Monotonie‹ als ›Abwesenheit männlicher Freunde‹ definierte? Das für ›Depression‹ ein Wort benutzte, das die empfindlichste Phase im jahreszeitlichen Zyklus der Krabbe beschrieb, wenn sie nämlich ihre alte Schale abgeworfen hat und darauf wartet, daß ihr eine neue wächst?« Charles Darwins Thesen von den »primitiven Wilden« waren widerlegt, und Bridges' Wörterbuch bleibt bis heute das schönste Denkmal für eine ausgelöschte Kultur.
Britische und irische Schafzüchter, die über die Falklandinseln nach Feuerland gelangten, dürften sich im östlichen Teil der Hauptinsel auf Anhieb wie zu Hause gefühlt haben. Hügeliges Weideland, torfbraune Hochmoore, gelbe Flechten und grüne Moosteppiche, bleigraue Meeresarme, dunkle Wälder und das unberechenbare Wetter der schottischen Highlands – schade nur, daß hier kein Dorfpub anständigen Malt Whisky gegen den Nebel ausschenkt.

In den Wälder des Nationalparks Tierra del Fuego

Etwas exotischer, wie es sich für das »Ende der Welt« ziemt, gibt sich Feuerlands menschenleere Mitte. Im Nationalpark Tierra del Fuego, der von der fjordähnlichen Bahía Lapataia bis über den Lago Fagnano hinausreicht, bestimmen verwunschene Wälder das Bild: Im Geäst der sturmgebeugten Südbuchen hängt das lindgrüne Lametta der Epiphytenart Barba de Viejo (»Altmännerbart«), und ein Baumschmarotzer namens »Chinesische Laterne« sorgt für reichliche gelbe Farbtupfer. Ebenso auffällig sind die geschwulstartigen Knoten in vielen Astgabeln, hervorgerufen durch den sogenannten Darwinpilz. Als Llao-Llao oder »Indianerbrot« bildete er eines der Grundnahrungsmittel der Ur-Feuerländer.
Guanakos und Kondore bewohnen das Inselinnere, Kormorane und Pinguine die Küstenzonen. Eine ständige Bedrohung für den Baumbestand stellen die aus Kanada eingeführten Biber dar. Durch ihre Dämme verwandeln sie ganze Waldstücke in Tümpel, aus denen dann nur noch abgenagte Stümpfe herausragen. Einzigartig ist schließlich der Anblick des letzten Andenausläufers: Die bis zu 2469 Meter hohe Cordillera Darwin, die sich mit ihrem ewigen Eis von Chile bis kurz vor Ushuaia erstreckt, fällt dort abrupt ins Meer ab. Über der Stadt thront der dramatisch gezackte Monte Olivia, während sich vom Glaciar Martial nördlich der Stadt das ideale Postkartenpanorama vom Beagle-Kanal bietet.
Ushuaia selbst verströmt den zweifelhaften Charme eines urbanen Provisoriums, das schneller wächst, als es gut wäre. Tatsächlich hat sich die Einwohnerzahl von 1983 bis 1996 auf gut 50 000 verdoppelt, nicht zuletzt aufgrund staatlicher Förderung der hiesigen Elektroindustrie. Nur noch eine matte Reminiszenz an die Pionierzeit stellen ein paar wenige bunt lackierte Häuschen aus Wellblech und Holz im Zentrum dar, während in den planlos wuchernden Vororten Beton und Fertigbauweise überhandnehmen. Im vor sich hin modernden Presidio saßen von 1912 bis 1947 Ganoven, in Ungnade gefallene Politiker und Anarchisten ein. Die zweite Sehenswürdigkeit ist das »Museum am Ende der Welt« – und schon ist das Sightseeing-Programm absolviert.
Tröstlich für alle diejenigen, denen selbst die südlichste Stadt der Welt nicht fern genug erscheint: Im Hafen ankern Windjammer und Kreuzfahrtschiffe, die für viel Geld wahlweise das berüchtigte Kap Hoorn umsegeln oder Kurs auf die Antarktis nehmen. Aber spätestens am Polarkreis ist dann wirklich Schluß.

Die hl. Maria schützt die Lapataia-Bucht

Bei rund einer Million Corriedale-Schafen haben die »Peónes« im Frühsommer viel zu tun

Epiphyten im Feuerland-Nationalpark

Seelöwenkolonie auf der Isla de los Lobos

Estancia José Menéndez bei Río Grande

Blick auf den tiefblauen Lago Escondido

Die vielfältige Tier- und Pflanzenwelt Feuerlands ist für viele Grund genug für die weite Anreise. Trotz der meist kalten und stürmischen Witterung wachsen in den Südbuchenwäldern im Inneren der Insel 30 Farnarten sowie Hunderte von Wildblumen, darunter sogar Orchideen und Edelweiß. Endemische Moose, Aufsitzerpflanzen und Flechten in allen Formen und Farbschattierungen profitieren von der hohen Luftfeuchtigkeit. Eine ganz besondere Beere soll der Calafate-Busch hervorbringen: »Quien come calafate vuelve por más«, sagen die Einheimischen. »Wer davon einmal genascht hat, kommt immer zurück nach Tierra del Fuego.«

Moose und Flechten überziehen ganz Feuerland

REISE-INFO
FEUERLAND

Karte: Seite 113, Planquadrat G 2.

Anreise: Nach Ushuaia und Río Grande viele tägliche Flüge ab B. A., Río Gallegos und Trelew. Weitere Verbindungen v. a. im Sommer nach El Calafate, Córdoba, San Julián und Punta Arenas (Chile). Busse verkehren von Río Gallegos via Punta Arenas nach Porvenir (3 Std. mit der Fähre) und weiter nach Río Grande und Ushuaia. Die weitaus schnellere Auto-Fährverbindung an der Meerenge Primera Angostura dauert zwar nur 30 Minuten, zum Hafen Punta Delgada fährt aber kein öffentlicher Bus. Am Zoll zwischen Chile und Argentinien sollte man darauf achten, stets die nötigen Ein- und Ausreisestempel zu erhalten.

Unterkunft: Allgemein sind die Hotelpreise höher als auf dem Festland. Im Sommer kommt es vor, daß ganz Ushuaia ausgebucht ist. 3 km außerhalb und in aussichtsreicher Hanglage bietet das »Las Hayas Resort Hotel« (Camino Glaciar Martial, Tel. 09 01/3 07 10, Fax 3 07 19) viel Komfort fürs Geld. Noch etwas höher liegt das gemütlichere »Hotel del Glaciar« (Tel. 3 06 40, Fax 3 06 36). In der mittleren Kategorie ist das zentrale »Cabo de Hornos« (San Martín / Rosas, Tel. / Fax 2 21 87) zu empfehlen, in der Kategorie »preiswert« die freundliche Hostería »Mustapic« (Piedrabuena 238, Tel. / Fax 2 17 18). In Río Grande wohnt man solide und nicht zu teuer im Hotel »Isla del Mar« (Güemes 963, Tel. 2 15 18, Fax 3 33 78). Das schönste Haus von Punta Arenas heißt »José Nogueira« (Bories 959, Tel. 61/24 88 40, Fax 24 88 32).

Essen / Ausgehen: Relativ kostspielig sind Ushuaias »Klassiker«: »Tante Elvira« (San Martín 234, Tel. 2 12 49) und »El Viejo Marino« (Maipú 297, Tel. 2 19 11). Ebenso wie das nostalgisch-museale »Volver« (Maipú 37, Tel. 2 32 89) servieren sie Pasta, Fischgerichte und vor allem die köstliche Königskrabbe Centolla. Ein anständiges Stück Grillfleisch bekommt man bei »La Don Juan« (San Martín 371, Tel. 2 25 19), preiswerte Pizza bei »El Turco« (San Martín 1460, Tel. 2 35 93). Günstig und gut ist der Mittagstisch in der 1929 gegründeten »Cafetería Ideal« (San Martín 393); das »Restaurante Mi Viejo« (Gob. Campos 758, Tel. 3 06 14) bietet ein reichhaltiges Buffet für 10 $. In Río Grande empfehlen Einheimische die Parrilla im populären »El Portal« (Belgrano 383, Tel. 2 18 79).

Sehenswürdigkeiten: Auf den Glaciar Martial oberhalb von Ushuaia (herrliche Aussicht) fährt täglich außer Mo (10–16 Uhr) ein Sessellift (Bus ab Ushuaia). Das Museo Territorial Fin del Mundo (Maipú / Rivadavia; Mo – Sa 16 – 20 Uhr) zeigt neben ausgestopften Seevögeln und Funden aus präkolumbischer Zeit allerlei Kuriositäten von der Sträflingskluft bis hin zu den Briefmarken Julio Poppers. Das berüchtigte Presidio (Yaganes / Gobernador Paz) ist täglich 17.30 –20.30 Uhr geöffnet. Zwei Beispiele originaler Pionier-Architektur stehen noch in der Avenida San Martín: die Biblioteca Municipal (Ecke Juana Fadul) und die Casa de Pioneros (Hausnr. 857). 10 km nördl. von Río Grande lohnt das Museo Salesiano im Gebäude einer ehemaligen Missionsstation einen Besuch (Di – Fr 9 –16, Sa / So 15 –20 Uhr; archäologische, paläontologische, ethnologische Fund- und Dokumentensammlung zum Thema Feuerland).

Zwei der ältesten Farmen der Region sind die Estancias José Menéndez und María Behety (20 km westl. von Río Grande). Ihre Besitzer, die Familie Menéndez-Braun, waren die ungekrönten Könige im Feuerland der Pionierzeit (Besuche nach Anmeldung beim Verwalter).

Ausflüge: Durch den Nationalpark Tierra del Fuego führen nur noch wenige kurze Wanderwege, seit die Verwaltung 1995 den größten Teil des Areals gesperrt hat. Die schönsten Pfade heißen Sendero Laguna Negra und Sendero de los Castores (»Pfad der Biber«).

Bis an die Ostgrenze des Nationalparks reicht die Schmalspurtrasse des Ferrocarril Austral Fueguino. Diese reine Touristenbahn mit Dampflok (3 Std. hin und zurück) fährt auf der Strecke des Sträflingszuges der ehemaligen Strafkolonie.

Am Ufer des 100 Kilometer langen Lago Fagnano

Organisierte Touren zur Estancia Harberton (nicht unangemeldet erscheinen), zum Nationalpark oder zum Lago Fagnano können bei zahlreichen Agenturen gebucht werden. Am besten mietet man sich in Ushuaia ein Auto (ab ca. 35 $ pro Tag, pro Kilometer 0,30 $ extra), um das Hinterland kennenzulernen. Besonders reizvoll: die einsamen Wälder am Lago Yehuin (mit ausgeschilderter »Hostería Yawen«, Tel. 09 64 / 2 42 18, Fax 3 19 89). Rundflüge im Kleinflugzeug kosten ca. 35 $ für 30 Minuten, im Hubschrauber 50 $ à 15 Minuten. Maschinen für Kap-Hoorn-Überflüge können nur in Punta Arenas gechartert werden.

Der Abstecher ins chilenische Punta Arenas (100 000 Einw.) lohnt vor allem wegen des günstigeren Duty-free-Angebotes (auch Ushuaia ist Freihandelszone, aber teuer). Sehenswert u. a.: die Casa Braun-Menéndez (Magellanes 949), der luxuriöse Stammsitz eines Schafbarons von 1896 und das Museo Salesiano (Av. Bulnes s / n). 50 km südlich erinnern Ruinenreste und ein rekonstruiertes Holzfort an Puerto del Hambre (»Hungerhafen«), das die Spanier 1584 zum Schutz der Magellanstraße gründeten. In Puerto Williams auf der Isla Navarino (1500 Einw., Schiff und Flugzeug ab Ushuaia und Punta Arenas) sollte man das Museo Gusinde besuchen mit eindrucksvollen Zeugnissen der Indianerkulturen (u. a. Fotos).

Bootstouren, buchbar am Muelle Turístico von Ushuaia, führen u. a. zur Seelöweninsel (Isla de los Lobos) im Beagle-Kanal, zur Pinguinkolonie vor Harberton sowie in die malerische Bahía Lapataia. Längere Törns, u. a. um Kap Hoorn (span. Cabo de Hornos), zur vollkommen naturbelassenen Isla de los Estados oder zur Cordillera Darwin, finden zwischen Dezember und März statt. Der Preis pro Person und Woche beträgt etwa 1300 $. Info und Buchung (auch für Ausflüge an Land) z. B. bei »Rumbo Sur« (San Martín 342, Ushuaia, Tel. 2 11 39, Fax 3 06 99) oder »All Patagonia« (Juana Fadul 26, Tel. 3 07 25, Fax 3 07 07). Umgebaute russische Forschungsschiffe gehen auf große Fahrt in die Antarktis; mit 6500 $ für 28 Tage ist man dabei. Experten z. B. von Greenpeace raten vom Tourismus zum »sechsten Kontinent« jedoch ab: In dem extremen Klima benötigt ein simples Moospolster zehn Jahre, um sich vom Tritt eines Touristen zu erholen.

Information: Dirección de Turismo, San Martín 660, Tel. / Fax 2 45 50.

Kormorane nisten auf der Isla de los Pájaros vor Ushuaia

Reizvolles Ausflugsziel: Lago Fagnano

Die aus Nordamerika eingeführten Biber richten große Schäden an

Hochmoor Laguna Verde am Cerro Cóndor

Die schönsten Szenerien Feuerlands liegen im wenig erschlossenen Zentrum. Knapp 1000 Meter hohe Gipfel bilden die Kulisse des Lago Fagnano, den sich Chile und Argentinien teilen. Vom Paso Garibaldi an der »Ruta 3« genießt man den besten Rundblick. Für Birdwatcher lohnt sich die Überfahrt zu den kleineren Inseln im Beagle-Kanal. Nur Ziegen, Vögel und ein Leuchtturmwärter bewohnen die 75 Kilometer lange Isla de los Estados, den Schauplatz von Jules Vernes »Leuchtturm am Ende der Welt«.

Holzhäuser im traditionellen Stil sind im rasant wachsenden Ushuaia selten

Kult um Mutter Erde

Pachamama

Juan Castillo steht mitten im Leben. Der Vater von zwei Söhnen hat in Buenos Aires studiert und verdient nun als EDV-Berater in der Provinzhauptstadt San Miguel de Tucumán ein ordentliches Gehalt. Zum Privatvergnügen surft Juan schon einmal im Internet, die Ferien verbringt die Familie am Meer – schierer Luxus in der Provinz Tucumán. Gegen den Fortschritt hat Juan gewiß nichts einzuwenden. Aber wenn Juan geschäftlich verreisen muß, tut er seltsame, archaisch anmutende Dinge.

Dinge, die mit seinem modernen Leben scheinbar nichts gemein haben: Unterwegs im sonnenverbrannten Hochland, hält er an einer unscheinbaren Steinpyramide an und steigt aus dem Auto. Er fügt dem Gebilde, Aparcheta genannt, einen Stein hinzu und legt noch ein paar Zigaretten in die Zwischenräume, um die »Götter für die Fahrt günstig zu stimmen«, wie er halb im Scherz zugibt. Unfallvermeidung auf argentinisch? Später, beim Asado mit Kollegen, vergräbt Juan vor dem Essen ein Stück feinstes Bife im Sandboden und schüttet den ersten Schluck aus der Flasche Rotwein gleich hinterher. »Mutter Erde verlangt ihren Anteil.« Juan tut nichts anderes als seine indianischen Ahnen vor Hunderten von Jahren: Er bringt Opfer für Pachamama, die mächtige Göttin der Fruchtbarkeit und des Lebens.

Was hat es auf sich mit dem Kult, dessen Riten selbst manche Städter im Nordwesten Argentiniens intuitiv befolgen? Forscher nehmen an, daß es die Inka aus Peru und Bolivien waren, die in präkolumbischer Zeit ihre Religion ins heutige Argentinien »exportierten«. Das riesige Inka-Imperium um die Hauptstadt Cuzco hatte gerade seine größte Ausdehnung erreicht, als die spanische Conquista begann. Ihren Staat, der sich damals von Kolumbien im Norden bis Santiago de Chile im Süden erstreckte, nannten die Inka Tawantisuyo – »Die Vier Weltgegenden«. Unterworfene Völker, so auch die Diaguita und Huarpes in Tucumán und Mendoza, kontrollierten sie mittels befestigter Verwaltungs- und Militärposten. Ein verzweigtes Straßennetz hielt das wohlorganisierte Reich zusammen. So war es für die Inkapriester leicht, die kulturell unterlegene Urbevölkerung von der Macht ihrer Götter zu überzeugen. An der Spitze des inkaischen Pantheons stand Sonnengott Inti, ihm zu Diensten waren weitere Gottheiten wie der Herr des Donners Illapa und eben die Erdgöttin Pachamama, die besonders das einfache Landvolk verehrte. Außerdem beteten die »Römer Südamerikas« zu zahllosen Geistwesen, die heiligen Orten wie Steinen, Bäumen oder Flüssen innewohnten – Ausdruck ihrer starken Verbundenheit mit der Natur. Das Interesse an den alten Religionen erwacht nun zunehmend neu bei Studenten, jungen Intellektuellen und Esoterik-Freaks in den Provinzen Jujuy, Salta und Tucumán.

»Aparcheta« an der Ruta 40

In seiner reinsten Form blieb der Kult um Mutter Erde in den abgeschiedenen Hochtälern der Puna und Vorpuna erhalten. Denn dort vermuteten die Spanier niemals große Profite, weshalb sie die zur Kapitulation bereite Urbevölkerung lange relativ unbehelligt ließen.

Zum Beispiel Amaichá del Valle: Das 5000-Seelen-Städtchen im Valle Calchaquí, rund 160 Kilometer nördlich von San Miguel de Tucumán, gilt als einzige Indígena-Gemeinde des Nordwestens, die den Genozid durch die Europäer vollständig überlebte. Zwar haben auch die Amaichanos inzwischen die Sprache ihrer Vorfahren bis auf wenige Bruchstücke vergessen. Zwar steht auch hier in der kleinsten Hütte längst ein Farbfernseher. Aber noch immer haben die Überlieferungen aus vorkolumbischer Zeit ihren Platz im Alltag. Vor allem die Frauen sind in Amaichá die Bewahrer der Traditionen, denn Pachamama ist ein rein weiblicher Weltgeist, verantwortlich für den Lauf der Jahreszeiten, für Saat und Ernte, Geburt und Tod – für den ewigen Zyklus aus Werden und Vergehen.

Friedhof in der Quebrada de Humahuaca: Katholizismus und Indio-Glaube vermischen sich

Sandra Martínez heißt eine dieser starken Frauen aus Amaichá, durch die der uralte Glaube bis heute lebt. Ihr simples Lehmziegelhaus steht etwas abseits der Ortschaft. Sandra, erst 26 Jahre jung und Mutter von drei Kindern, empfängt ihre Gäste mit einem offenen Lächeln und kräftigem Händedruck. Nichts ist zu spüren von jener oft als schüchtern beschriebenen Art vieler Indígenas.
Selbstbewußt gibt sie Auskunft über ihre Lebens- und Denkweise. »Von Pachamama gibt es weder Bilder, noch kann man ihre Gesetze in einer Bibel nachlesen. Wenn ich zu ihr bete, ist das ein ganz intimer, persönlicher Vorgang – nichts für Neugierige oder Touristen«, erklärt sie und lacht die Fremden vielsagend an. Die Orte, an denen sie mit dem Diaguita-Gebet »Pachamama cusiya, cusiya« – Pachamama, hilf, hilf! – Kontakt aufnimmt, dürfen keinem anderen Zweck als diesem dienen. Meist sind es hochgelegene einsame Weideflächen oder Bachläufe, die Sandra einst von älteren Frauen aus den Bergen gezeigt bekam. Die Täler verließ Pachamama der Sage nach in grauer Vorzeit, um sich in Gesellschaft ihrer ständigen Begleiter Llajtay, dem Herrn der Guanacos und Llamas, und Yacumama, der Mutter aller Wasser, des Lichts und des Silbers, auf den höchsten Gipfeln niederzulassen.

Nur im Nordwesten Argentiniens – wie hier in Cachi – dominieren Indígenas das Straßenbild

Sandra Martínez aus Amaichá del Valle

Die heiligen Orte sind ideal, um Opfergaben, die sogenannten Ofrendas, darzubringen: Zumindest einige Kokablätter, Tabak, Alkohol oder Brot verscharrt Sandra täglich im kargen Boden der Sierra. Sogar den eigenen Körper nehmen die Menschen im Hochland nicht von der Opferpflicht aus. So übergeben viele Frauen nach der Geburt eines Kindes den Mutterkuchen der Erde. Häufig werden auch Tote nur in einem Bettlaken begraben, damit Pachamama die Seele unmittelbar aufnehmen kann. Halten sich die Menschen nicht an diese Regeln, wird Mutter Erde zur Rächerin – durch Krankheit, Kindstod und Mißernten.
Ein echter Höhepunkt im Kalender ist die Fiesta de la Pachamama, nicht nur in Amaichá, auch in den Dörfern von Catamarca, Jujuy und Salta. Am letzten Samstag im Juli, noch vor Sonnenaufgang, versammeln sich die Bauern an einem der heiligen Orte, um ihre Jungtiere zu markieren. Bei dieser Señalada werden die festlich geschmückten Ziegen mit den Böcken »vermählt«. Dann beschneiden die Besitzer ihre Tiere an Ohren und Schwänzen; abgetrennte Körperteile vergraben sie an derselben Stelle wie im Jahr zuvor. Anschließend gießen sie darüber Aloja de Algarrobo, einen Schnaps aus Johannisbrot, und berauschen sich danach selbst an dem Gebräu. Daß sich die Gemeinde später zur katholischen Morgenandacht trifft, ist für die Indígenas kein Widerspruch, betrachten sie doch die christliche Jungfrau Maria als eine Art Reinkarnation ihrer Göttin.
Die Dorfpfarrer des Nordwestens haben es längst aufgegeben, gegen den Synkretismus – die Vermischung verschiedener Religionen – zu predigen. Auch am Sonntagmorgen beginnt der Tag zunächst mit dem Kirchgang, bevor wiederum Pachamama Einzug hält. Die älteste Frau des Dorfes – nicht selten werden die Menschen im Sonnenklima Amaichas hundert Jahre – verkörpert die Allmächtige und reitet auf einem mit Blumen und Trauben geschmückten Muli über den Hauptplatz. Der Greisin folgen La Ñusta, die schönste Jungfrau des Dorfes, sowie La Alhajita, ein Mädchen vor der Pubertät. Den Abschluß des Umzuges bildet ein Karren mit drei Kleinkindern. Als Begleiter treten der gehörnte Tiergott Llajtay und der koboldartige Pusyay auf, dargestellt von älteren Männern in karnevalesker Verkleidung. Die Coplas, traditionelle Gesänge, seit Generationen von Frau zu Frau überliefert und nur von ziegenfellbespannten Trommeln begleitet, lassen die Fiesta schließlich unter dem Sternenhimmel der Sierra ausklingen. »Das ist unser Tempel für Pachamama«, sagt Sandra ernst. »Ganz ohne Wände zwar, aber größer als jede Kathedrale…«

Pflicht für Reisende: eine Opfergabe für Pachamama, um die Götter günstig zu stimmen

Vom Bordell-Tanz zum Klassiker

Tango

Tango-Paar auf der Plaza Dorrego in Buenos Aires

Es wird Nacht in Pompeya, einer Arbeitervorstadt irgendwo im Süden von Buenos Aires. Fahles Neonlicht fällt auf abbruchreife Lagerhallen, auf parkende Lastwagen und niedrige Wohnblöcke. Der Asphalt glänzt naß vom Regen, und nur ein paar streunende Katzen sind noch unterwegs. Eine Nacht, wie geschaffen für die Peña de Amigos, den Stammtisch in der Bar »El Chino«. Dort, zwischen hohen Wänden, an denen blaugrau der Schimmelpilz wuchert, treffen sie sich, seit sie denken können: Rentner in fadenscheinigen Nadelstreifen, ehemalige Dockarbeiter mit schwieligen Händen, Pizzabäcker, Taxifahrer und ihre früh ergrauten Frauen. Nicht einmal Stehplätze sind mehr frei. Billiger Rotwein fließt in Strömen, in der Luft steht dicker Tabaksqualm.

Gegen Mitternacht tritt Jorge Garces, genannt »El Chino«, vor den Tresen. Mit einer Handbewegung bringt der Patrón die Menge zum Schweigen, denn die alten Lieder verlangen Respekt. Dann beginnt der 70jährige als erster, a capella, wie immer. Das Publikum applaudiert ergriffen. Später holt jemand eine Gitarre hervor, und die Nacht hat kein Ende mehr. Einer nach dem anderen steht auf, um zu singen. Von besseren Zeiten, vergeblicher Liebe, Verzweiflung, Suff und bitterem Abschied. Sie singen den Tango.

Wie bei »El Chino« könnte es gewesen sein, damals, vor mehr als einem Jahrhundert. Der »traurige Gedanke, den man tanzen kann« – so nannte den Tango einst Enrique Santos Discépolo, einer seiner größten Textdichter – entstand um 1880 in den tristen Arrabales, den Vorstädten der Einwanderer aus Genua, Neapel und Bilbao. Von einer goldenen Zukunft in Amerika hatten sie geträumt, gestrandet waren sie jedoch in denselben Elendsquartieren, die sie schon von zu Hause kannten. Etwa fünf Millionen Neuankömmlinge landeten dort innerhalb von 40 Jahren, und auf sechs Männer kam nur eine Frau.

In den Liedern der Entwurzelten, anfangs noch instrumental im Trio mit Geige, Flöte und Harfe improvisiert, vermischten sich Klänge ganz unterschiedlicher Herkunft: Die fröhliche Milonga der Gauchos, der rhythmische Candombe afrikanischer Ex-Sklaven, die temperamentvolle italienische Tarantella, der pathetische spanische Flamenco und die sentimentale karibische Habanera – ein musikalischer Bastard mit vielen Eltern war geboren. Sein Markenzeichen, die klagende Stimme des Bandoneon, kam erst etwas später hinzu. Matrosen importierten die quadratische Quetsche aus Deutschland, wo der Krefelder Akkordeonbauer Heinrich Band sie 1840 entwickelt hatte. Das vielseitige, schwer zu spielende Instrument kam den Musikanten von La Boca und San Telmo gerade recht, denn in den Hafenspelunken und Bordellen war besonders Lautstärke gefragt.

Die ersten Texte im rüden Slang der Immigranten, dem Lunfardo, kreisten um den Alltag in der Männerwelt des Barrio: kleine Gauner und gockelhafte Luden, die ihren Schneid und ihr schnelles Stilett in lockeren Versen verherrlichten, um ihre traurigen Existenzen wenigstens mit etwas falschem Glanz zu schmücken. Zum Ausdruck kamen aber auch immer wieder die enttäuschten Hoffnungen und die dumpfe Wut der Auswanderer, ihre Einsamkeit und die Sehnsucht nach Heimat und Liebe. Und dann war da natürlich noch der ständige Zoff um die wenigen Minas, die »Mädels« im Viertel . . .

Für derartige Gossenlyrik hatte das bürgerliche Buenos Aires nur Verachtung übrig. Die aggressive Erotik des getanzten Tango mit seinen eindeutigen Wiege- und Klammerschritten tat ein übriges, er galt als obszön, als häßliches »Bordellreptil«. Erst über Europa wurde die Proleten-Kultur gesellschaftsfähig: Carlos Gardel, dem unehelichen Sohn einer französischen Büglerin, gelang in den zwanziger Jahren der Durchbruch auf den Konzertbühnen von Paris und Berlin. Mit Evergreens wie »Mi noche triste« oder »A media luz« wurde er zum ersten argentinischen Star, zur »Nachtigall der Pampa«, zum »Mann mit der Träne in der Kehle«.

Unentbehrlich für jedes Tango-Orchester ist das Bandoneon

Sich selbst, den melancholischen Tango-König, verkörperte er auch im Kino, in den Kassenschlagern »Melodía del Arrabal« und »Tango Bar«. Endgültig zum Mythos wurde der ewig lächelnde Frauenschwarm, als er 1935 bei einem Flugzeugabsturz ums Leben kam. Auf dem Friedhof Chacaritas, wo Gardel unter gewaltiger Anteilnahme der Porteños beerdigt wurde, steht nun seine Statue; mit dem unverzichtbaren Glimmstengel zwischen den Bronzefingern, stets erneuert von eingefleischten »Gardelianos«, die das Grab ihres Helden pflegen. Mit Gardels Aufstieg ließ der Tango das Zwielicht des Zuhältermilieus hinter sich

Tango-Könner: auf der Straße in San Telmo…

und avancierte zur echten Kunstform. Textdichter wie Santos Discépolo, Pascual Contursi und Homero Manzi erschufen ein poetisches Universum, aus dem Sänger und Touristenlokale nach wie vor schöpfen: der Mond, das Kopfsteinpflaster, ein leerer Bahndamm, eine Gestalt im Nebel – schon einzelne Wörter genügen, um ein Bild entstehen zu lassen, wenn auch manchmal nur haarscharf am Kitsch vorbei.

Aber selbst um soziale und politische Aussagen ging es den Autoren gelegentlich. In »Cambalache« von 1935 prangert Santos Discépolo Argentinien als »Kramladen« an, in dem »jedermann ein feiner Herr und jedermann ein Dieb« sein könne. 50 Jahre später erwiesen die Militärs dem Dichter die höchste Ehre: Sie setzten sein Lied auf den Index. Auch einige Musiker spielten sich für immer ins kollektive Gedächtnis der Porteños, allen voran die Bandoneon-Virtuosen. Aníbal Troilo etwa, der dicke »Pichuco«, war von den vierziger bis in die siebziger Jahre hinein der unbestrittene Chef an den Knöpfen. Von ihm stammt auch die Erkenntnis, daß ausschließlich Argentinier und Uruguayer zum Tango geboren seien. »Der Rest ist still und hört zu«, so Traditionalist Troilo.

Sein schlimmstes Tief erlebte der Tango in den siebziger und achtziger Jahren, als manche Kritiker ihn gar für tot erklärten. In den Folkloreshows von San Telmo erstarrte er im Klischee, während sich die Jugend ohnehin mehr für Popmusik begeisterte. In dieser Phase gab Astor Piazzolla dem Tango eine neue Richtung, wie selbst jene Puristen heute zugeben, die ihn anfangs wegen seiner Experimentierfreude kritisierten. Piazzolla öffnete den Tango für Jazz und Kammermusik, brachte Strawinsky und Miles Davis mit Gardel und Troilo zusammen. Gut 3500 Kompositionen schrieb der geniale Bandoneonspieler, darunter seine expressivschräge »Rapsodia porteña«, aber auch moderne Standards wie »Adiós nonino« und »Buenos Aires Hora Cero«.

Die kreative Krise scheint seither überwunden, und ganz Buenos Aires spricht von der Renaissance des Tango. Dazu beigetragen haben einmal mehr seine Erfolge in Europa, denn dort fanden Piazzolla und zuletzt das Ensemble Sexteto Mayor größere Anerkennung als in ihrer Heimat. Daß am Río de la Plata heute ausgerechnet Ricardo und Nicole Klapwijk, ein Niederländer und eine Deutsche, als bestes Tanzpaar gehandelt werden, paßt da durchaus ins Bild.

Aber auch immer mehr junge Porteños entdecken den Tango wieder – Tanzschulen und Bailables, die altmodischen Tanzpaläste, freuen sich über eine enorme Nachfrage. Der Boom erfaßt selbst die Medien: Die Radiostation »FM Tango« und der TV-Sender »Sólo Tango« strahlen 24 Stunden täglich nur Tango aus. Erstklassige Musiker wie Nestor Marconi und innovative Newcomer wie die Gruppe Undertango oder die Sängerin María Volonté sorgen für frischen Wind. Und das Parlament verabschiedete ein neues Tangogesetz, das Musik, Text und Tanz gleichermaßen als »Nationales Kulturerbe« schützt. Nur in der Bar »El Chino«, draußen am Stadtrand, mag keiner etwas wissen von einer Wiedergeburt. Denn gestorben ist der Tango dort schließlich niemals.

…und der Bühne des »Querandí« in Buenos Aires

Die Kasse stimmt, denn der Tango liegt seit einigen Jahren in Argentinien wieder voll im Trend

Allgemeine Reise-Informationen

Das hervorstechendste geographische Merkmal Argentiniens ist seine enorme Ausdehnung zwischen dem 22. und dem 55. Grad südlicher Breite: Von La Quiaca an der bolivianischen Grenze bis nach Ushuaia auf Feuerland sind es 3700 km, von Buenos Aires nach Mendoza 1400 km Luftlinie. Das Land bedeckt eine Fläche von 2 780 092 qkm (Deutschland: 356 733 qkm).
Die Küstenlinie am Atlantik mißt knapp 5000 km. Die längste Grenze mit Chile (5300 km) verläuft entlang des Andenhauptkammes, der gleichsam das Rückgrat des Subkontinents von Kolumbien bis Patagonien bildet. In Argentinien erreicht das Kettengebirge mit dem Gipfel des Aconcagua (6959 m) die gewaltigste Höhe der Neuen Welt. Im überwiegend flachen Kernland erstrecken sich die schier endlosen Weiten von Chaco und Pampa. Die grandiose Monotonie unterbrechen lediglich einige Sierras, z. B. bei Córdoba oder südlich von Buenos Aires. Das südliche Ende Argentiniens nimmt die patagonische Halbwüste ein, ein baumloses Tafelland (Meseta) im Regenschatten der Anden. Eine staatstragende Rolle in Geschichte und Energiewirtschaft Argentiniens spielen die Flüsse des Nordostens, vor allem Río Paraná und Río Uruguay im sogenannten Mesopotamia, dem »Zweistromland«.
Nach dem Ende der Militärdiktatur 1983 trat wieder die Verfassung von 1853 in Kraft. Argentinien ist demnach eine föderative Republik mit 23 autonomen Provinzen, Staatsoberhaupt ein demokratisch gewählter Präsident. Von den 33,9 Mio. Argentiniern lebt ein Drittel im Großraum Buenos Aires. 90 Prozent der Bevölkerung sind europäischer Herkunft (v. a. Italiener, Spanier). Zehn Prozent sind Mestizen. Nur knapp 100 000 Indígenas (indianische Ureinwohner) haben die

Feiertag im historischen Zentrum von Cachi

Conquista und ihre Folgen bis heute überlebt; die meisten leben im andinen Nordwesten.
Der wirtschaftliche Umbau Argentiniens, seit Anfang der neunziger Jahre von Präsident Menem betrieben, befindet sich noch in vollem Gange. Der strikt neoliberale Kurs der Regierung bewirkte einerseits das Ende der Hyperinflation, ein erstaunliches Wirtschaftswachstum (1995: 6 Prozent) und eine rasante Preisentwicklung. Andererseits profitieren längst nicht alle Argentinier vom Boom, teilen sich doch kaum 10 Prozent der Bevölkerung ein Drittel des Gesamteinkommens, während die ärmsten 10 Prozent mit nur einem Hundertstel davon auskommen müssen. Vor allem die Bevölkerung auf dem Land und in den Slums der Städte lebt weiterhin in bedrückender Armut, leidet unter mangelhafter Ernährung und Schulbildung.
Wie eh und je basiert die argentinische Wirtschaft auf dem Agrarsektor. Die Hälfte aller Exporterlöse wird mit Vieh, Getreide- und Baumwollanbau erzielt. Viel verspricht man sich vom 1996 nach EU-Vorbild eröffneten Mercosur, einer Freihandelszone mit Brasilien, Chile, Uruguay und Paraguay.

Adressen

In Deutschland gibt es kein argentinisches Fremdenverkehrsamt. Allgemeine Auskünfte erteilt deshalb die Tourismus-Abteilung der Botschaft von Argentinien (Adenauerallee 52, 53113 Bonn, Tel. 02 28 / 2 28 01-43 oder -46, Fax 21 48 09). Die Anschrift der Secretaría de la Nación de Turismo in Buenos Aires lautet: Suipacha 1111, Tel. 00 54-1/ 3 12 56 11, Fax 3 13 68 34. Das Informationsbüro der Behörde befindet sich in der Avenida Santa Fé 883, Tel. 3 12 55 50 (auch deutschsprachig). Landesweit bekommen Touristen zudem unter der gebührenfreien Rufnummer 0-800-5 00 16 Informationen aller Art.
Die Verkehrsämter aller Provinzen unterhalten in der Hauptstadt eigene Büros: Catamarca: Av. Córdoba 237, Telefon 3 71 70 45; Córdoba: Av. Callao 332, Tel. 3 73 42 77; Corrientes: Av. San Martín 333 / IV, Tel. 3 94 74 32; Chaco: Av. Callao 322, Tel. 3 72 52 09; Chubut: Sarmiento 1172, Tel. 3 82 08 22; Entre Ríos: Suipacha 844, Tel. 3 28 93 27; Formosa: H. Yrigoyen 1429, Tel. 3 81 20 37; Jujuy: Av. Santa Fé 967, Tel. 3 93 60 96; La Pampa: Suipacha 346, Tel. 3 26 05 11; La Rioja: Av. Callao 745 / 755, Tel. 8 15 19 29; Mendoza: Av. Callao 445, Tel. 3 71 73 01; Misiones: Av. Santa Fé 989, Tel. 3 22 06 77; Neuquén: Av. Pte. Perón 687, Tel. 3 26 68 12; Río

REISEDATEN ARGENTINIEN

Flug von Deutschland	Inlandsverkehr	Reisepapiere	Devisen	Mietwagen	Benzin	Hotel	Motel	Menü	Einfaches Essen	Ortszeit	Eintritt
ca. 1400 DM (Buenos Aires)	Buenos Aires – Bariloche: ab 66 $ (1600 km)	Reisepaß, mindestens 3 Monate gültig	1 Peso ($) = 1 US-$	ab 70 $ pro Tag (unbegrenzte Kilometer)	1 Liter Super: ca. 1 $	Luxusklasse ab 250 $, Mittelklasse: ab 60 $ (pro DZ)	einfaches DZ ab 25 $ (Hostal, Residencial)	Luxusklasse ab 50 $ pro Person (inkl. Wein)	Steak mit Beilage und Getränk: ca. 10 $	MEZ –4 Std. (Winter); –5 Std. (Sommer)	Nationalparks 1–5 $; Museen: 1–5 $

Negro: Tucumán 1916, Tel. 3 71 70 66; Salta: Av. Diagonal Norte 933, Telefon 3 26 13 14; San Juan: Sarmiento 1251, Tel. 3 82 92 41; San Luis: Azcuenaga 1083, Tel. 8 22 36 41; Santa Cruz: 25 de Mayo 277 / I, Tel. 3 34 36 92; Santa Fé: Montevideo 373 / II, Tel. 3 75 45 70; Santiago del Estero: Florida 274, Tel. 3 26 77 39; Tierra del Fuego: Av. Santa Fé 919, Telefon 3 22 88 55; Tucumán: Suipacha 140, Tel. 3 22 00 10.
Die Deutsche Botschaft in Buenos Aires befindet sich in der Calle Villanueva 1055, Tel. 7 78 25 00, Fax 7 78 25 50. Honorarkonsulate gibt es außerdem in Córdoba (Tel. 051/ 89 46 92), Eldorado (Tel. 07 51/ 2 32 14), Mar del Plata (Tel. 023 / 51 30 53), Mendoza (Tel. 061/ 29 65 39), Posadas (Tel. 07 52 / 3 05 70), Rosario (041/ 48 65 46), Salta (Tel. 087 / 21 65 25), San Miguel de Tucumán (Tel. 081/ 24 20 00), Santa Fé (Tel. 042 / 55 14 76) und Ushuaia (Tel. 09 01/ 2 27 78).

Beliebtes Souvenir: Mate-Zubehör auf dem Mercado von Recoleta in Buenos Aires

Anreise

Buenos Aires wird ab Frankfurt / M. von Maschinen der Aerolíneas Argentinas und von Lufthansa direkt angeflogen. Nonstopflüge dauern etwa 14 Stunden. Tägliche Verbindungen ab den meisten deutschen Flughäfen unterhält ferner die Iberia via Madrid. Auch Aeroflot, Air France, Alitalia, British Airways, KLM und Swissair bieten Linienflüge an. Kombinationen mit anderen Destinationen in Süd- und Nordamerika ermöglichen die Dienste von American Airlines, Avianca, Canadian, United Airlines und VARIG.

Einkaufen, Souvenirs

Beliebte Mitbringsel sind Lederwaren, z. B. rustikale Stiefel, Jacken, Hosen, Portemonnaies oder Taschen aller Art. Sie sind in allen größeren Ortschaften in reicher Auswahl erhältlich; in Buenos Aires ist die Auswahl am vielfältigsten.
Überall angeboten werden auch Mate-Accessoires, u. a. die silbernen Bombillas (Trinkröhrchen) sowie Gefäße aus Kalebasse oder Horn. Tango-CDs oder Musikkassetten von Carlos Gardel, Aníbal Troilo, Osvaldo Pugliese oder Astor Piazzolla garantieren Erinnerungen von Dauer. Aus dem Norden Argentiniens kommen leisere Klänge im indianisch-andinen Stil und politisch-engagierte Folk-Songs, z. B. von Atahualpa Yupanqui und Mercedes Sosa.

Einreise

Deutsche, Österreicher und Schweizer müssen bei der Einreise nur den mindestens noch drei Monate gültigen Reisepaß vorweisen. Die Touristenkarte, die man an Bord des Flugzeugs nach Buenos Aires erhält, legt man am Zoll vor; sie muß bis zur Ausreise aufbewahrt werden. Auch für Abstecher über die Grenzen nach Brasilien, Chile, Paraguay oder Uruguay benötigen Bürger Deutschlands, Österreichs und der Schweiz nur den noch drei Monate gültigen Reisepaß.

Fleischeslust pur: Asado-Restaurant »La Estancia« in Buenos Aires

Elektrizität

Wie in Mitteleuropa beträgt die Netzspannung in Argentinien 220 Volt bei 50 Hertz. Für die Steckdosen benötigt man dennoch einen Adapter, der entweder an der Hotelrezeption oder in Haushaltswarenläden erhältlich ist.

Essen und Trinken

Anhänger purer Fleischeslust werden begeistert sein. Zum Asado, dem Grillfest unter Freunden und Verwandten, werden zum Einstieg meist Paprika- (Chorizo) und Blutwurst (Morcilla) aufgetischt. Es folgen Innereien. Als Hauptgang nimmt man Asado de Tira (Rippen), Bife de Costilla (T-Bone-Steak) oder Bife de Lomo (Filet). Das aromatischste und saftigste Stück ist das Bife de Chorizo, ein dickes Rumpsteak mit Fettrand. Meist wird das Fleisch cocido (durchgebraten) serviert, auf Wunsch aber auch a punto (medium) oder jugoso (saftig = blutig).
Als Beilagen empfehlen sich Salat und Brot, im Grillrestaurant (Parrillada) ißt man häufig Papas fritas (Pommes frites) oder Puré de Papas (Püree) dazu. Direkt an der offenen Feuerstelle (Asador Criollo) garen Spanferkel (Lechón), Zicklein (Chivito) und Lamm (Cordero). Milanesas heißen panierte Schnitzel aus Kalbfleisch, Huhn oder Fischfilet.
Frisches aus dem Meer, z. B. Merluza (Seehecht), Langosta (Languste) oder Centolla

Fahrkartenschalter in der Estación Retiro in Buenos Aires: Züge gibt es nur noch im Nahverkehr

(Königskrabbe), findet sich eher in Patagonien und Feuerland auf dem Speiseplan. Vor allem im indianisch geprägten Norden liebt man Empanadas, mit Fleisch, Oliven, Käse oder Schinken gefüllte Teigtaschen. Mais, Süßkartoffeln, Kürbis und Fleisch gehören in den Eintopf Locro, der zu den Spezialitäten von Salta und Jujuy zählt. Süßwasserfisch, etwa die Welsart Surubí oder den Riesenbarsch Dorado, schätzt man im Nordosten.
Dank der italienischen Einwanderer können sich Vegetarier zumindest überall an Pizza und Pasta halten. Die Teigwaren werden aber nicht selten mit einem Stück geschmortem Rindfleisch serviert.
Zum Dessert reicht man in Argentinien gerne wahre Kalorienbomben, z. B. ausgezeichnetes Eis (Helado), eine dicke Scheibe Weichkäse mit Quittengelee (Membrillo) oder anderen Konfitüren. Ein Klassiker ist der hausgemachte Karamelpudding (Flan), oft unter Zugabe von Dulce de Leche, einer süßen Paste aus karamelisiertem Zucker, Milch und Vanillearoma. Auch Obstsalat oder frische Früchte je nach Jahreszeit stehen immer zur Auswahl.
Kaffee genießen Argentinier in rauhen Mengen, als Café solo (Espresso), Cortado (Espresso mit Milch) oder con Leche (Milchkaffee), zum Frühstück meist nur mit einem Stück Süßgebäck. Die beliebtesten Getränke sind Rot- und Weißweine aus Mendoza und Salta. Das einheimische Bier der Marke »Quilmes« ist ausgezeichnet. Mineralwasser, international bekannte Softdrinks und ihre lokalen Varianten (einen Versuch wert ist »Paso de los Toros«) sowie frische Säfte schenken alle Confiterien aus.

Feiertage, Ferien

1. Januar: Neujahr; Karfreitag; 1. Mai: Tag der Arbeit; 25. Mai: Nationalfeiertag; 10. Juni: Tag der Malvinen (Falklandinseln); 20. Juni: Tag der Flagge; 9. Juli: Unabhängigkeitstag; 17. August: Todestag des Nationalhelden San Martín; 12. Oktober: Kolumbustag; 25. Dezember: Weihnachten. Die Schulferien beginnen Mitte Dezember und enden im März. Die Winterferien im Juli dauern nur zwei Wochen.

Fotografieren

Filme, speziell Diafilme, kosten in Argentinien deutlich mehr als in Europa. Militärische und polizeiliche Einrichtungen dürfen generell nicht abgelichtet werden.

Geld

Der argentinische Peso ($; 100 Centavos) wurde per Gesetz an den US-$ gekoppelt, der Wechselkurs ist daher praktisch 1:1. Dollarnoten nehmen die meisten Geschäfte an. Reiseschecks in US-$ sind zwar sicher, werden aber von Banken und privaten Geldwechslern (Casas de Cambio) oft nur gegen hohe Kommissionen gegen Bares getauscht.
Weite Akzeptanz finden alle gängigen Kreditkarten, häufig allerdings gegen ein zehnprozentiges Aufgeld. Per PIN-Code ist die Barabhebung vom Kreditkartenkonto inzwischen an vielen Geldautomaten der Städte möglich. Für unterwegs sind kleine Scheine gefragt, denn viele Taxifahrer oder Straßenhändler können nicht herausgeben.

Gesundheit

Die medizinischen Hilfsleistungen entsprechen europäischem Standard. Auf alle Bedarfsfälle eingestellt ist das Deutsche Krankenhaus (Hospital Alemán: Av. Pueyrredón 1640, Tel. 01/821-17 00). Die Apotheken (Farmacias) bieten routinemäßigen 24-Stunden-Service.
Impfungen sind nicht vorgeschrieben. Sinnvoll ist dennoch die Auffrischung von Polio- und Tetanusschutz, manche Hausärzte empfehlen den Hepatitis-A-Schutz mit dem neuen Impfstoff Havrix. Nur im Tiefland von Salta und Jujuy sind einige Malariafälle bekanntgeworden.
Leitungswasser in Buenos Aires ist bedenkenlos trinkbar, in den nördlichen Provinzen sollte man sich aber auf Mineralwasser verlegen.
Vor der intensiven Sonne in den Höhenlagen Patagoniens und im Norden des Landes schützen Kappen und Lotionen. Wer Trekking in den Anden betreibt, muß seinen Körper erst nach und nach

»Colectivos« in Buenos Aires: bunt, preiswert und sehr rasant

an die dünne Luft der Puna gewöhnen. Aids (span. Sida) ist in ganz Lateinamerika ein ernstes Problem. Englisch- und deutschsprachige Ärzte können Konsulate und Fluggesellschaften empfehlen; sinnvoll ist der Abschluß einer Auslandskrankenversicherung.
Notrufnummern: Polizei 101, Feuerwehr 100, Rettungswache 107.

Klima, Kleidung

Die Jahreszeiten Argentiniens stehen im umgekehrten Verhältnis zu den europäischen. Die wärmsten Monate sind Januar, Februar, die kältesten Juli, August.
Da sich das Land vom südlichen Wendekreis bis zur Antarktis erstreckt, berührt das Staatsgebiet verschiedene Klimazonen: Der Norden ist feucht und subtropisch, die zentrale Pampa kontinentalgemäßigt und das südliche Patagonien trocken und im Winter empfindlich kalt. Die ideale Reisezeit für ganz Argentinien gibt es daher nicht. Der Sommer (Dez. bis März) hat zwar den Vorteil, daß der tiefe Süden angenehm temperiert ist, dafür wird es aber in Buenos Aires und im Nordosten oft unangenehm heiß; außerdem herrscht dann wegen der nationalen Ferien Ausnahmezustand in den Touristenorten.
Die geringsten Niederschläge im andinen Nordosten fallen im März und November; wer also die Berge und den »Zug in die Wolken« erleben will, sollte dies im argentinischen Winter tun.
Pullover und Allwetterjacke gehören in Feuerland und Patagonien ganzjährig zur

Buenos Aires	Temp. max.	Temp. min.	Wassertemp.	Regentage	Sonnenstd.
Januar	30°	18°	22°	6	9
Februar	29°	17°	23°	7	8
März	26°	15°	21°	8	7
April	22°	12°	19°	6	6
Mai	18°	9°	15°	6	6
Juni	15°	6°	12°	6	5
Juli	15°	6°	12°	5	4
August	16°	6°	11°	6	5
September	18°	8°	12°	7	6
Oktober	21°	11°	15°	8	7
November	25°	13°	17°	8	8
Dezember	28°	16°	21°	7	9

Quelle: Seewetteramt Hamburg

Mindestausrüstung, ebenso festes Schuhwerk für Ausflüge und Wanderungen. Obligatorisch für Estancia-Aufenthalte sind hohe Gummistiefel.

Literatur

Belletristik: Einen ersten Überblick über die Literatur des Landes bieten einige Anthologien, u. a. »Argentinien erzählt – Anthologie argentinischer Literatur« (Fischer Taschenbuch); »Erkundungen – 21 Erzähler vom Río de la Plata« (Verlag Volk und Welt). Die Werke des bedeutendsten argentinischen Autors, Jorge Luis Borges (1899–1986), sind im Fischer-Verlag erschienen. Weltruhm sammelte er mit seinen mehrdeutigen phantastischen Erzählungen »Fiktionen« (1944) und »Labyrinthe« (1949). In einer ähnlichen Erzähltradition steht Julio Cortázar (1914–1984), dessen Romane, Satiren und phantastische Erzählungen beim Suhrkamp-Verlag veröffentlicht wurden (u. a. »Album für Manuel«, »Bestiarium«, »Die Gewinner«).

Anden-Trekking: Gute Ausrüstung und Kondition sind in dem Hochgebirge unverzichtbar

Ushuaia	Temp. max.	Temp. min.	Wassertemp.	Regentage	Sonnenstd.
Januar	14°	5°	7°	10	6
Februar	14°	5°	7°	9	6
März	12°	4°	6°	9	5
April	10°	2°	6°	10	4
Mai	6°	0°	5°	8	3
Juni	5°	-2°	5°	10	2
Juli	5°	-2°	4°	8	2
August	6°	-1°	4°	8	4
September	8°	1°	4°	8	5
Oktober	11°	3°	5°	9	6
November	13°	4°	5°	7	6
Dezember	14°	5°	6°	9	6

Ein Muß für alle Patagonien- und Feuerland-Fans ist Bruce Chatwins sehr persönlicher Reisebericht »In Patagonien – Reise in ein fernes Land« (Rororo). An diesen Band knüpft das gemeinsame Werk von Bruce Chatwin und Paul Theroux an: »Wiedersehen mit Patagonien« (Hanser).
Sachbücher: Viele Tips v. a. für Einzelreisende bieten zwei Bücher: Wayne Bernhardson »Travel Survival Kit Argentina, Uruguay & Paraguay« (Lonely Planet) mit über 400 Seiten Tips, Adressen für Argentinien (englisch) und das »South American Yearbook« (Trade and Travel Publications, Bath, England) mit noch mehr Tips, Adressen, Routen, Preisen (ebenfalls englisch).
Essays zu Politik und Kultur bietet Ulrich Encke »8mal Argentinien« (Serie Panoramen der Welt, Piper). Ein Geschichtsklassiker ist Eduardo Galeanos »Die offenen Adern Lateinamerikas – Die Geschichte eines Kontinents von der Entdeckung bis zur Gegenwart« (Peter Hammer Verlag). Hintergründiges zum Thema Tango bietet Dieter Reichardt (Hrg.) »Tango – Verweigerung und Trauer« (Materialien und Texte. Suhrkamp).

Reizvolle Einblicke in die Berg- und Seenwelt der Anden bietet der Nationalpark Los Alerces

Medien

Deutschsprachige und internationale Presse erhält man in Buenos Aires am leichtesten in den Kiosken der Fußgängerzone Florida und auf der Corrientes. Samstags erscheint das traditionsreiche »Argentinische Tageblatt«. Auch in Argentinien ist die Deutsche Welle zu empfangen, am besten zwischen 19 und 23 Uhr. Monatlich erscheint das Programmheft des Senders mit den jeweils gültigen Frequenzen (Deutsche Welle, Postfach 10 04 44), D-50588 Köln, Tel. 02 21/ 38 90, Fax 38 93-000).

Natur- und Nationalparks

Die großartige Natur Argentiniens ist für viele Europäer Grund genug für die lange Anreise. Zwischen Tropenwald und Eismeer, Hochgebirge und Gran Chaco warten 29 National- und Provinzparks sowie zahlreiche weitere Reservate auf Wanderer und Abenteuerurlauber.
Die staatlichen Wildhüter (Guardaparques) geben wertvolle Hinweise für Besucher. Ihre Warnungen vor möglichen Risiken unterwegs sind absolut ernst zu nehmen.
Zu den attraktivsten und am leichtesten zugänglichen Nationalparks gehören: Iguazú (Wasserfälle und Regenwald); Nahuel Huapi (Seenplatte in den patagonischen Anden); Los Glaciares (wachsende Gletscher in Südpatagonien); Península Valdés (Wale, Pinguine und See-Elefanten am Atlantik).
Für manche Parks wird eine Eintrittsgebühr von 3–5 $ erhoben. Übernachten kann man zum Teil in Schutzhütten (Refugios), ausgewiesenen Campingplätzen oder zum Teil sogar bei den Guardaparques selbst. Diese vermitteln bei Bedarf auch professionelle Führer.
Markierte Wege und verläßliches Kartenmaterial sind spärlich gesät; Auskünfte allgemeiner Art erteilt: Administración de Parques Nacionales, Av. Santa Fé 690, Buenos Aires, Telefon 01/3 12 07 83, Fax 3 11 19 43.

Öffnungszeiten

Geschäfte haben im allgemeinen werktags und samstags von 9 bis 19 Uhr geöffnet, Einkaufszentren meist sogar bis 22 Uhr. Viele kleinere Läden bedienen ihre Stammkunden im Viertel täglich von 8–21 Uhr. Die traditionelle Siesta zwischen 13 und 16 Uhr wird in Buenos Aires kaum mehr eingehalten, in den nördlichen Provinzen, vor allem in Tucumán, Salta und Jujuy, gehört sie hingegen noch zum Alltag. In Banken wird werktags zwischen 10 und 15 Uhr gearbeitet. Die meisten Museen schließen montags und Sonntag nachmittags, im Januar und Februar öffnen manche überhaupt nicht.

Post, Telefonieren

Im allgemeinen kann die argentinische Post (Correos) als zuverlässig gelten, auch wenn sie nicht die schnellste ist: Für Luftpost nach Europa rechnet man mit ein bis zwei Wochen. Geschäftsleute in Argentinien vertrauen ihre in- und ausländische Post bevorzugt privaten Dienstleistern an, z. B. den Kurierdiensten OCA und DHL (Filialen in jeder Provinzstadt). Eine Postkarte nach Deutschland kostet 1,10 $, der Brief 1,25 $. Die Hauptpost von Buenos Aires befindet sich in Sarmiento 189 und hat werktags von 9–19.30 Uhr geöffnet.
Seit der Privatisierung betreiben zwei Gesellschaften das Telefonsystem: Die spanische »Telefónica« im Süden, die französische »Télécom« im Norden. Magnetkarten (Tarjetas) und Telefonmünzen (Cospeles) funktionieren in den öffentlichen Fernsprechern beider Firmen (erhältlich in Kiosken und bei Straßenverkäufern). Überseegespräche sind problemlos von nahezu jedem Apparat möglich.
Die Telefonpreise zählen allerdings zu den höchsten weltweit: Gespräche nach Deutschland kosten rund 5,50 $ pro Minute. Bei Gesprächen aus Hotels muß man nochmals mit Aufschlägen von bis zu 50 Prozent rechnen. Um 20 Prozent günstiger telefoniert man wochentags zwischen 22 und 8 Uhr, sowie von Samstag 13 Uhr bis Montag 8 Uhr. In jeder Stadt gibt es private Locutorios, wo man gegen Barzahlung telefonieren und faxen, aber auch Faxe und Anrufe erhalten kann. Wer öfter zu Hause anrufen muß, spart Geld mit den sogenannten Calling Cards, z. B. von der deutschen Telekom oder AT & T. Abgerechnet wird dann über das Konto in der Heimat. Auskünfte erteilt die Operadora kostenlos unter 001 (»Télécom«) und 110 (»Telefónica«). Die Vorwahl für Deutschland lautet 00 49, für Argentinien 00 54.

Reiseveranstalter

Rundreisen und Baustein-Programme in Argentinien bieten zahlreiche große und kleine Veranstalter in Deutschland an. Allerdings beschränken sich die meisten auf die wichtigsten Höhepunkte, denn für mehr bleibt angesichts der gewaltigen Distanzen im Land kaum Zeit. DER und Meier's Weltreisen haben z. B. solche klassischen 3–4-Wochen-Touren im Programm. Studienreisen organisieren u. a. Studiosus und Klingenstein, echte Abenteuer- und Trekkingreisen sind die Spezialität von Hauser Exkursionen (Info im Reisebüro).
Zu den empfehlenswerten kleineren Experten zählen Windrose Reisen (Postfach 11 03 49, 10833 Berlin, Telefon 030/ 2 01 72 10, Fax 20 17 21 17), Marco-Polo-Reisen (Dettweiler Str. 15, 61476 Kronberg, Tel. 0 61 73/7 09 70, Fax 76 35),

Argentinien Reiseservice (Alt-Schwanheim 40, 60529 Frankfurt, Telefon 069 / 35 74 25, Fax 35 60 98) und Wendy-Pampa-Tours (Güttinger Straße 19, 78315 Radolfzell, Telefon 0 77 32 / 97 22 90, Fax 97 22 92).

Sicherheit

Argentinien gilt allgemein als eines der ungefährlichsten Reiseländer Südamerikas. Selbst in der Großstadt Buenos Aires kommt es nur selten zu Überfällen auf Touristen. Normale Vorsichtsregeln sollten dennoch beachtet werden: Nachts möglichst nicht alleine ausgehen, verlassene Straßen und abgelegene Stadtteile meiden, Wertgegenstände im Hotelsafe lassen.

Sport

Bergsteigen und Wandern: Der Himmel ist die einzige Grenze für abenteuerlustige Bergfreunde im Westen und Nordwesten Argentiniens. Das Fitz-Roy-Massiv im Nationalpark Los Glaciares fordert Freikletterer mit Felsnadeln und -türmen der schwierigsten Kategorie heraus.
Für einfache Wanderrouten bieten sich die Sierras von Córdoba an, z. B. bei Villa Carlos Paz, La Falda oder Villa Las Rosas (Information bei den lokalen Tourismusbüros). Auch durch den Nationalpark Nahuel Huapi führen schöne ein- und mehrtägige Wanderwege verschiedener Schwierigkeitsgrade.
Die Königstour für Könner ist freilich der Aconcagua bei Mendoza, der mit 6960 m höchste Berg Amerikas. Für die technisch vergleichsweise problemlose Besteigung (nur November bis März) kalkuliert man inklusive Akklimatisierung gut 10–15 Tage. In Deutschland informiert die Auskunftsstelle des Deutschen Alpenvereins, Praterinsel 5, 80538 München, Tel. 089 / 29 49 40.

Fischen und Angeln: In den Anden bei Junín de los Andes, Bariloche und Esquel sowie vor allem entlang des Río Paraná im Nordosten liegen die lohnendsten Reviere für Sportfischer.
Kurzzeitscheine für ca. 30 $ pro Woche erteilen die lokalen Tourismusbehörden. Der Dorado, ein bis zu 20 kg schwerer Flußfisch, hat in Corrientes und im Chaco ganzjährig Saison.
Zwei Treffpunkte für Fischer: Paso de la Patria, 39 km östlich von Corrientes, und Isla del Cerrito, 40 km nördlich von Resistencia.

Ruhiger Job für die Polizei: Buenos Aires ist eine lebhafte, jedoch relativ gefahrlose Stadt

Reiten: Argentinien ist ein Pferdeland. Ausritte bis hin zum mehrtägigen Reitausflug organisieren praktisch alle Estancias, die auf Gäste eingerichtet sind. Besonders in Bariloche, Corrientes, La Pampa und Salta wird diese Tradition gepflegt. Die lokalen Verkehrsämter helfen mit Adressen weiter.

Tanzen: Was liegt näher, als am Río de la Plata Tango zu lernen? Kurse in Buenos Aires geben u. a. Gloria y Eduardo (c/o Bar Volver, Av. Corrientes 837, Telefon 01/ 3 22 51 00), Liceo Superior del Tango (Av. de Mayo 833, 1. Stock, Tel. 01/3 45 69 67), Suzuki Avellaneda (Club Almagro, Medrano 522, Tel. 01/3 08 07 86).

Sport zum Zuschauen: Fußball ist nicht erst seit Diego Armando Maradona mit Abstand Argentiniens Nationalsport Nummer eins. In der Hauptstadt sind die Clubs River Plate und Boca Juniors jedes Jahr wieder die schärfsten Rivalen. Besonders heiß her geht es bei Heimspielen von Boca im berüchtigten Estadio La Bombonera, der »Pralinenschachtel«.
Touristen sollten auf Distanz zu den »Barras bravas«, dem harten Kern der Fans, gehen und die Stehplätze (Populares) meiden. Besser sind die Platea (numerierte Sitzplätze). Auskunft und Vorverkauf: Boca Juniors, Brandsen 805, Tel. 01/ 3 61 72 74. River Plate, Av. Presidente Figueroa Alcorte 7597, Tel. 01/ 7 88 12 00.
Im feinen Polo zählen die argentinischen Teams ebenfalls zur Weltspitze. Matches finden auf den Plätzen im Stadtteil Palermo statt, Saison ist von September bis November. Auskunft: Asociación Argentina de Polo, H. Yrigoyen 636, Telefon 01/ 3 43 09 72.
Pato, eine Art Basketball zu Pferde, bei dem ein mit Griffen versehener Ball in einen Korb geworfen werden muß, darf sich seit 1953 offiziell »Nationalsport« nennen. Der typische Gaucho-Zeitvertreib hat sich seither zur beliebten Zuschauersportart gemausert. Information: Asociación Argentina de Pato, Av. Belgrano 530, 5. Stock, Tel. 01/ 3 31 02 22.

Die Privatisierung hat Argentinien sehr hohe Telefongebühren beschert

Sprache

Landessprache ist Spanisch (Castellano), wobei die argentinische Variante einige gewöhnungsbedürftige Besonderheiten aufweist: Das »ll«, z.B. in »Calle«, wird wie ein weiches »sch« (»Kajsche«) ausgesprochen, »tu« (Du) verwandelt sich in »vos« und »tu tienes« (Du hast) heißt am Río de la Plata plötzlich »vos tenés«. Englisch wird kaum gesprochen.

Ideal für Rucksackreisende sind die relativ preisgünstigen Jugendherbergen und Residenciales

Trinkgeld und Steuern

Der Mozo, der Kellner im Restaurant, erwartet fünf bis zehn Prozent des Rechnungsbetrages als Trinkgeld (Propina), das der Gast diskret auf dem Tisch liegen läßt. Ein paar Münzen für die Bedienung gehören auch im Café zum guten Ton.

Die Mehrwertsteuer (IVA) beträgt 21 Prozent und ist üblicherweise in allen Rechnungen bereits enthalten. Nur in den Luxushotels wird die Steuer separat aufgeführt.

Unterkunft

Hotels werden von der staatlichen Secretaría de Turismo mit bis zu fünf Sternen beurteilt, was jedoch nicht immer dem echten Preis-Leistungs-Verhältnis entspricht. Manches 2-Sterne-Haus bietet einen besseren Service als das 4-Sterne-Haus zwei Blocks weiter. Abseits der Großstädte sind die Unterkünfte einfacher, und im Süden muß man generell tiefer in die Tasche greifen als im Norden. Insgesamt ist das Preisniveau beachtlich; für ein Doppelzimmer der Mittelklasse rechnet man etwa 60 $ bis 120 $ mit Frühstück.

ADAC-Mitglieder logieren in den preiswerten und recht komfortablen Hosterías des Automobilklubs ACA. Auskunft und Adressenverzeichnisse: Av. del Libertador 1850, Buenos Aires, Tel./Fax 01/8026061.

Hostales, Residenciales: Günstige Pensionen findet man in allen größeren Städten. Passable Doppelzimmer mit Bad kosten 25 $ bis 50 $ ohne Frühstück. In manchen Gegenden, z. B. in Bariloche, Salta und Córdoba, wohnt man preiswert und mit Familienanschluß in privaten Casas de Familia – gerade für Alleinreisende eine Alternative zum anonymen Hotelzimmer. Verkehrsämter halten Adressenlisten bereit.

Jugendherbergen: Nicht verwechseln sollte man Albergues Juveniles (Jugendherbergen) mit Albergues Transitorios – letztere liegen meist diskret am Stadtrand und vermieten stundenweise ... Insgesamt gibt es 28 Jugendherbergen; es ist mit einem Preis von 5–12 $ zu rechnen. Informationen: Talcahuano 214, 2. Stock, Tel./Fax 01/476-1001.

Eine Auflistung aller Albergues Juveniles findet sich im Internationalen Jugendherbergsverzeichnis, das im Buchhandel oder direkt beim Deutschen Jugendherbergswerk erhältlich ist (DJH, Postfach 1455, 32754 Detmold, Tel. 05231/7401-42). Dort gibt es auch den Internationalen Jugendherbergsausweis.

Camping: Viele Argentinier verbringen ihren Urlaub gern im Zelt. Der Automobilklub unterhält gut ausgestattete Plätze (Adresse siehe oben »Hotels«); auch in Nationalparks stehen Campingplätze zur Verfügung.

Estancias: Urlaub auf der Estancia wird gerade bei ausländischen Touristen immer beliebter, und immer mehr Farmen zwischen Corrientes und Feuerland bieten Gästezimmer an. Der Traum vom »Gaucho auf Zeit« hat aber seinen Preis: mit etwa 100–150 $ pro Person und Tag inklusive Vollpension und Ausflügen zu Pferde oder per Allradwagen muß man rechnen. Spezialisierte Reisebüros in Buenos Aires vermitteln Zimmer und halten Fotomappen ihrer Klienten zur Ansicht bereit. Info z.B. bei Turismo Flyer (Reconquista 617, 8. Stock, Telefon 01/3138224, Fax 3121330) und José de Santis Viajes (Diagonal Norte 616, 4. Stock, Tel./Fax 01/3428417).

Empfehlenswert für Reisende mit guten Spanischkenntnissen: Die »Guía de Turismo en Estancias« von Francisco N. Juárez (Verlag Planeta, 1996), die die schönsten Herrenhäuser im näheren Umkreis von Buenos Aires beschreibt.

Veranstaltungen

Januar: Höhepunkt der Feriensaison in Mar del Plata mit Shows, Schönheitswettbewerben, Theater- und Filmpremieren. Lateinamerikanisches Folklorefestival in Cosquín (Córdoba).

Februar: Turbulenter, fast »brasilianischer« Karneval in Corrientes, aber auch Umzüge in Buenos Aires (Av. de Mayo) und im Nordwesten.

Anfang März: Fiesta de la Vendimia (Weinlesefest) in Mendoza.

Juli/August: Fiesta de la Nieve, »Schneefest« mit Musik und Folklore in Bariloche. Messe der Viehzüchter und Estancieros in der Sociedad Rural (Agrargesellschaft), Palermo (Buenos Aires).

September/Oktober: Eisteddfod, Kulturfestival der walisischen Einwanderer in Trelew und anderen Orten der Provinz Chubut.

Oktober: Oktoberfest nach Münchener Vorbild in Villa General Belgrano (Córdoba). Fiesta del Dorado auf der Isla del Cerrito (Resistencia), Wettfischen, Musik und Tanz.

November: Gauchofestival in San Antonio de Areco (Provinz Buenos Aires). Internationales Filmfestival Mar del Plata.

Die Turbo-Prop-Maschinen der staatlichen LADE fliegen nur in Patagonien

Verkehrsmittel

Europäer neigen dazu, die enormen Distanzen in Argentinien zu unterschätzen. Wer wenig Zeit hat, konzentriert sich am besten vorab auf einige Regionen und legt sich einen detaillierten Reiseplan zurecht.

Flugzeug: Die Gesellschaften Aerolíneas Argentinas und Austral (beide gehören zum Iberia-Konzern) verfügen über das weiteste Streckennetz; für Konkurrenz sorgt neuerdings die private LAPA.

Problematisch ist, daß fast alle Inlandsflüge (Vuelos de Cabotaje) in Buenos Aires beginnen und enden. Um etwa von Salta nach Mendoza zu fliegen, muß man den Umweg über die Hauptstadt in Kauf nehmen – d. h. 1200 km Luftlinie und einen Flugschein extra.

In Patagonien versuchen einige kleinere Linien wie die staatliche LADE, Kaikén, Pingüino und TAN, die Lücken zu schließen; im Norden tun dies Dinar, LAER und ALTA.

Die Tarife haben sich dem allgemein hohen Preisniveau angeglichen: Buenos Aires–Iguazú etwa kostet einfach 203 $. Allerdings gibt es neben den Normaltickets zahlreiche Sondertarife. Für die sogenannte Banda Negativa z. B., die nur eingeschränkt Reservierungsänderungen zuläßt und ausschließlich in Argentinien buchbar ist, zahlt man auf derselben Strecke 99 $.

Eine lohnende Anschaffung kann der Airpaß »Visite Argentina« sein, der nur in Verbindung mit einem internationalen Flugschein im Ausland erhältlich ist. Er lohnt sich, wenn man in Argentinien längere Strecken fliegen möchte. Der Paß gilt 30 Tage lang, vier Coupons kosten in Verbindung mit einem Iberia- oder Aerolíneas-Ticket 420 US-$, jeder weitere 110 US-$ (mit Lufthansa 500/130 US-$). Die Reservierungen können einmal gratis geändert werden, jede zusätzliche Änderung schlägt mit 50 US-$ zu Buche. Grundsätzlich sollte man Reservierungen am Tag vor dem Flug telefonisch rückbestätigen. Flugplanauskunft in Deutschland bei Grupo Iberia, Westendstr. 12, 60325 Frankfurt/M., Tel. 069/72 05 92.

Bus und Bahn: Moderne Langstreckenbusse (Micros, Omnibuses) verbinden alle Landesteile miteinander; jede Ortschaft verfügt über einen Busbahnhof (Terminal). Viele der privaten Buslinien bieten einen beinahe luxuriösen Service inklusive Verpflegung, Toiletten, Liegesitzen und Videofilmen an Bord. Ein Preisbeispiel: Buenos Aires–San Carlos de Bariloche, 1600 km, ca. 22 Std., je nach Firma 66–80 $ einfach. Als Faustregel rechnet man ca. 3,20 $ pro Fahrtstunde. Studenten mit internationalem Ausweis erhalten zum Teil 20 Prozent Rabatt. Fahrpläne hängen im Terminal aus, Reservierungen sind an Wochenenden und in den Ferien ratsam.

Weniger komfortabel, dafür aber preiswerter sind Busse des Servicio Común, die Verbindungen innerhalb einer Provinz herstellen und häufig halten.

Die meisten argentinischen Bahnen stehen seit ihrer Privatisierung mangels Rentabilität still. Als einzige Langstrecke ist derzeit noch der Zug von Buenos Aires nach Mar del Plata und Bahía Blanca in Betrieb. Informationen in Buenos Aires: Ferrobaires, Estación Constitución, Tel. 01/304 00 28.

Taxi: Die relativ preiswerten Taxis verfügen über Taxameter, die auch korrekt eingeschaltet werden. Für Fahrten im Zentrum von Buenos Aires fallen selten mehr als 10 $ an. Den Fahrpreis rundet man stets mit einem kleinen Trinkgeld nach oben ab.

Eine argentinische Besonderheit ist die Remise, ein Wagen, der nicht auf der Straße angehalten, sondern nur telefonisch für längere Fahrten bzw. stundenweise bestellt wird. Preise sind Verhandlungssache und in der Regel etwas günstiger als im Taxi.

Mietwagen: Aufgrund der enormen Distanzen, der chaotischen Verkehrsverhältnisse und des teilweise schlechten Straßenzustandes nur eingeschränkt und zum regionalen Gebrauch zu empfehlen. Die Preise liegen etwas höher als in Europa; ein Mittelklassewagen kostet zwischen 70 und 100 $ pro Tag, der Liter Superbenzin knapp 1 $.

Für die Anmietung werden der internationale Führerschein und eine Kreditkarte vorausgesetzt. Das Mindestalter beträgt 25 Jahre. Das Fahrzeug darf im allgemeinen die Landesgrenze nicht passieren. Über die meisten Anmietstationen verfügen landesweit die Firmen Localiza (Zentrale: Paraguay 1122, Buenos Aires, Tel. 01/3 75 16 44), Avis (Cerrito 1527, Tel. 01/3 26 55 42) und Al Ansa (Alvear 678, Tel. 01/3 11 10 00).

Kurhotel »Termas de Reyes« bei Jujuy: Argentinien bietet ein reichhaltiges Angebot an Unterkünften

Zeittafel

ca. 10 000 v. Chr.
Im Nordwesten siedeln sich Jäger und Sammler aus dem bolivianischen Hochland an.

12.–15 Jh. n. Chr.
Die indianischen Festungsstädte (Pucarás) entstehen.

1490
Beginn der Kolonisierung durch die Inka.

1515
Der Spanier Juan Díaz de Solís erreicht als erster Europäer den Río de la Plata.

1536
Pedro de Mendoza errichtet am Río de la Plata ein Fort und nennt es Buenos Aires.

1776
Gründung des Vize-Königreiches Río de la Plata, das Nord-Argentinien, Uruguay, Paraguay, Bolivien und Teile Brasiliens umfaßt. Hauptstadt: Buenos Aires.

1810
Der Stadtrat von Buenos Aires erklärt den spanischen Vizekönig für abgesetzt. Abspaltung Boliviens, Paraguays und Uruguays.

1816
Kongreß von Tucumán: Am 9. Juli erklären die Vereinigten Provinzen ihre Unabhängigkeit.

1817
General José de San Martín besiegt bei Chacabuco die spanischen Truppen. 1818 wirkt er bei der Befreiung Perus mit.

1853
Nach Bürgerkriegen um die künftige Staatsform zwischen Unitariern (v. a. Kaufleute aus Buenos Aires) und Föderalisten (v. a. Handwerker und Viehzüchter des Binnenlandes) setzen sich letztere durch. Argentinien erhält eine föderative Verfassung.

1877–1883
Das bislang staatenlose Patagonien wird angegliedert, seine Urbevölkerung größtenteils ausgerottet.

1916
Erste Präsidentschaftswahlen: Der Sieger Hipólito Irigoyen führt die Sozialgesetzgebung ein.

Geschichte zum Anfassen und Kaufen: Antiquitäten auf dem Flohmarkt in San Telmo

1920
Kurze wirtschaftliche Blüte dank Fleischexporten und Industrialisierung.

1930
Ökonomisches Chaos durch Weltwirtschaftskrise; die Demokratie verfällt, Militärs gewinnen an Einfluß.

1946
Nach einem Militärputsch und internen Machtkämpfen übernimmt Juan Domingo Perón die Regierung. Seine populäre Sozialpolitik, gepaart mit Planwirtschaft und nationalistischer Propaganda, machen ihn und seine Frau Eva (»Evita«) Duarte zu argentinischen Ikonen.

1955
Perón scheitert an seinem utopischen Wirtschaftsplan. Er tritt zurück und geht ins spanische Exil. 1962 übernimmt das Militär die Macht.

1973
Sturz der Militärjunta, Perón kehrt aus dem Exil zurück.

1974
Isabel, Peróns dritte Frau, wird nach dessen Tod Präsidentin. Die Wirtschaft versinkt im Chaos, links- und rechtsextreme Terroristen bekämpfen den Staat und einander.

1976–1983
Erneute Militärdiktatur. General Videla verbietet Gewerkschaften, Verbände und freie Presse. Die wirtschaftlichen Verhältnisse führen zu Unruhen, die Militärs reagieren mit Gegenterror, Folter und politischem Mord. Mindestens 9000 Menschen »verschwinden« spurlos.

1983
Demokratische Wahlen nach dem Ende der Junta. Raúl Alfonsín wird Präsident (bis 1989). Verantwortliche Militärs kommen vor Gericht; vier Jahre später werden die Verfahren auf Druck der Generäle eingestellt. Währungsreform.

1989
Die Inflation erreicht 5000 Prozent im Jahr. Der neugewählte Präsident und Peronist Carlos Menem und Wirtschaftsminister Cavallo betreiben die Privatisierung und Liberalisierung der Wirtschaft.

1992
Erneute Währungsreform und Einführung des Peso, Fixierung des Wechselkurses.

1996
Eröffnung der Wirtschaftsgemeinschaft Mercosur. Korruptionsskandale in Politik und Wirtschaft, Protestwelle und Streiks gegen Menem. Heereschef Martín Balza entschuldigt sich bei den Argentiniern für die Verbrechen der Militärs.

Stand der Angaben: April 1997.

Autobahn - Fernstraße - Hauptstraße
Hauptbahn - Nebenbahn
Nationalparkgrenze - Nationalpark
P.N. do Iguaçu
Staatsgrenze - Verwaltungsgrenze
50.000 - 100.000 Einwohner
Tandil
100.000 - 500.000 Einwohner
Mar del Plata
500.000 - 1.000.000 Einwohner
Asunción
1.000.000 - 5.000.000 Einwohner
BUENOS AIRES
> 5.000.000 Einwohner
SÃO PAULO
Maßstab 1:13.500.000
0 100 200 300 400 500 km
CUZCO
BOLIVIA
LA PAZ
PERU
SANTA CRUZ
BRASILIA
BRASIL
PARAGUAY
RIO DE JANEIRO
ANTOFAGASTA
SÃO PAULO
CHILE
ASUNCION
PACIFIC
CORDOBA
PORTO ALEGRE
ATLANTIC
SANTIAGO DE CHILE
BUENOS AIRES
URUGUAY
MONTEVIDEO
ARGENTINA
PUERTO MONTT
OCEAN
COMODORO RIVADAVIA
OCEAN
PORTO STANLEY
PUNTA ARENAS
Falkland Is.
PARAGUAY
URUGUAY
Mar Argentino
Falkland Islands (U.K.)
(Islas Malvinas)
West Falkland
East Falkland
Península Valdés
Tierra del Fuego
Isla Wellington
Burdwood Bank
Rio de la Plata Canyon
Mar del Plata Canyon
Perú-Chile Trench (Atacama Trench)
BUENOS AIRES
MONTEVIDEO
ROSARIO
CÓRDOBA
SANTIAGO
PORTO ALEGRE
CURITIBA
SÃO PAULO
Asunción
A B C D E F G
1 2 3 4 5

Register

Seitenzahlen die auf Infoseiten hinweisen, sind **fett** gedruckt. Die Koordinaten in Klammern beziehen sich auf die Karten Seite 27 und 113.

Bereits erschienen

1 Türkei – Südküste
2 Kalifornien
3 Tunesien
4 Thailand
5 New York
6 Türkei – Ägäisküste · Istanbul
7 Island
8 Marokko
9 Karibik
10 Hongkong
11 Florida
12 Bali · Lombok · Java
13 Kanadas Westen
14 Moskau
15 Kenia
16 Ägypten
17 Israel
18 Neuseeland
19 Singapur · Malaysia
20 New Orleans und die Südstaaten
21 Mexiko
22 Südafrika · Namibia
23 Japan
24 Hawaii
25 Himalaya
26 USA – Südwesten
27 Australien – Ostküste
28 Venezuela
29 Jordanien
30 Brasilien – Rio und die Küste · Minas Gerais
31 USA – Nationalparks
32 Kanadas Osten – Québec · Ontario
33 Kuba
34 Sri Lanka und Malediven
35 Nordkalifornien · San Francisco
36 Vietnam
37 USA – Südstaaten · Washington D. C.
38 Südsee
39 Südindien
40 Mittelamerika – Guatemala · El Salvador · Honduras · Belize
41 Syrien
42 Südkalifornien · Los Angeles
43 Peking
44 Argentinien – Buenos Aires · Patagonien

In Vorbereitung

45 Australien – Melbourne, Tasmanien, Westen
46 Neuengland – Boston
47 Jemen

Impressum

Verlag:
HB Verlags- und Vertriebs-Gesellschaft mbH, Alsterufer 4, 20354 Hamburg, Postfach 30 06 60, 20347 Hamburg, Tel. 040/41 51-04, Telefax 040/41 51-32 31.
Geschäftsführer:
Kurt Bortz, Jonny Bülow, Dr. Joachim Dreyer

Redaktion und Produktion:
Harksheider Verlagsgesellschaft mbH, Fabersweg 1, 22848 Norderstedt, Postfach 52 49, 22822 Norderstedt, Tel. 040/52 88 62-0, Telefax 040/5 23 40 56
Redaktion:
Ulrike Klugmann (verantwortlich)
Jörg Gensel

Text: Robert Möginger, München
Fotografie: Miquel González, Barcelona
Grafische Gestaltung:
Gerhard Keim, Frankfurt/Main
Kartografie:
Seite 27, 113: © RV Reise- und Verkehrsverlag, München und Stuttgart
Kartographie: © GeoData, Geographische Datenbanken GmbH & Co. KG, Berlin · Hamburg · Leipzig · Stuttgart · Werder
Für die Richtigkeit der in diesem HB-Bildatlas Special angegebenen Daten – Adressen, Öffnungszeiten, Telefonnummern usw. – kann der Verlag keine Garantie übernehmen.
Nachdruck, auch auszugsweise, nur mit ausdrücklicher Genehmigung des Verlages.
Erscheinungsweise: zweimonatlich

HB-Bildatlas Special Fotoservice:
Harksheider Verlagsgesellschaft mbH, Postfach 52 49, 22822 Norderstedt, Tel. 040/52 88 62-22, Telefax 040/5 23 40 56

Vertrieb Zeitschriftenhandel:
Partner Pressevertrieb GmbH, Postfach 8104 20, 70521 Stuttgart, Telefon 07 11/72 52-210, Telefax 07 11/72 52-375
Vertrieb Abonnement und Einzelhefte:
Zenit Pressevertrieb GmbH, Postfach 8106 40, 70523 Stuttgart, Telefon 07 11/72 52-198, Telefax 07 11/72 52-333
Vertrieb Buchhandel:
Mairs Geographischer Verlag, Marco-Polo-Zentrum, 73760 Ostfildern, Telefon 07 11/45 02-0, Telefax 07 11/45 02-340
Anzeigenalleinverkauf:
KV Kommunalverlag GmbH, Postfach 8105 65, 81905 München, Telefon 089/92 80 96-24, Telefax 089/92 80 96-20

Satz: Lübecker Fotosatz GmbH, Lübeck
Reproduktionen:
Otterbach Repro GmbH & Co., Rastatt
Druck und buchbinderische Verarbeitung:
Klett Druck H. S. GmbH, Korb
Gedruckt auf chlorfrei gebleichtem Papier
Printed in Germany

ISBN 3-616-06444-9

Titelbild: Tango-Paar in Buenos Aires